营销增长书系

爆品操盘

GTM

朱秋虎 ◎著

从宝洁BM
到华为IPMS

东华大学出版社
·上海·

图书在版编目（CIP）数据

爆品操盘 GTM：从宝洁 BM 到华为 IPMS / 朱秋虎著. 上海：东华大学出版社，2025.4. -- ISBN 978-7-5669-2524-4

Ⅰ.F274

中国国家版本馆 CIP 数据核字第 2025AG0048 号

责任编辑　李　晔
封面设计　静　斓

爆品操盘 GTM：从宝洁 BM 到华为 IPMS
BAOPIN CAOPAN GTM: CONG BAOJIE BM DAO HUAWEI IPMS

著　　　者　朱秋虎
出 版 发 行　东华大学出版社（上海市延安西路 1882 号　邮政编码：200051）
营 销 中 心　021-62193056　62373056
本 社 网 址　http://dhupress.dhu.edu.cn/
印　　　刷　上海盛通时代印刷有限公司
开　　　本　890mm×1240mm　1/32　印张　9.5　字数　256 千
版　　　次　2025 年 4 月第 1 版　　印次　2025 年 4 月第 1 次印刷
书　　　号　ISBN 978-7-5669-2524-4
定　　　价　68.00 元

· 版权所有　侵权必究 ·

序

朱老师在零售行业耕耘许久，先后在三星、诺基亚、华为等世界顶级 To C[①] 零售企业工作过，对于零售行业规律和成功逻辑有深刻的认知和实践经验。

《爆品操盘 GTM：从宝洁 BM[②] 到华为 IPMS[③]》这本书从宝洁公司的营销产品管理开始，陆续介绍了有名的 PACE[④]、IBM[⑤] 的 IPD[⑥]、华为的 IPD、MPP[⑦]、IPMS 等实践，对于营销从业人员来说，这是一本非常有价值的营销书籍。

作为在华为工作 20 个年头的一名"老兵"，我非常高兴看到我在华为的很多实践被朱老师完整地展现出来。这里，我也补充一下我对这些事情的理解。

1998 年，我进入华为，成为一名硬件开发工程师。当时

[①] To C：To Customer 的缩写，意为面向消费者。
[②] BM：Brand Man 的缩写，意为品牌经理制。
[③] IPMS：Integrated Product Marketing, Sales & Service 的缩写，意为集成产品营销、销售和服务，是指导"产品生命周期操盘"的价值业务流。
[④] PACE：Product and Cycle-Time Excellence 的缩写，意为产品及生命周期优化法。
[⑤] IBM：International Business Machines Corporation 的缩写，意为美国国际商用机器公司。
[⑥] IPD：Integrated Product Development 的缩写，意为集成产品开发。
[⑦] MPP：Marketing Plan Process 的缩写，意为营销计划流程。

华为的开发模式还是典型的"烟囱模式"：SE①设计了方案，开发人员进行开发，测试人员再进行测试，生产部门进行试制……看上去和IPD过程差不多，但当时都是根据自己的想法完成一个环节后，再转到下一个环节。由于只考虑了自己的想法，对下游环节或者客户需求考虑太少，因此经常需要返工。最常见的就是硬件做PCB②时需要开模，开一个模就要十几万元，由于设计不周，经常需要返工。平均开发一个产品，PCB开模最少都需要三次，大量的开模费用被浪费掉。2000年底，公司要试点IPD，我就成为IPD的引导者，引导产品开发团队按照流程进行开发，确保对正确的事情进行正确的开发操作。到2003年的时候，就有很多产品能够实现只需一次PCB开模，节省了大量的费用。当年还出现了公司真正零偏差的开发项目，产品开发效率得到极大提升，开发周期从接近90周缩短到52周。IPD真正极大地提升了产品开发效率和质量，也增强了产品竞争力。在3G产品陆续商用后，华为抓住机会扩大销售，营收迅速从几百亿元增长到数千亿元。

2005年，公司组建战略与营销体系，我有幸加入并负责流程变革的工作。MPP就是我亲自做的第一个公司级变革项目。在顾问的指导下，我们组建了营销运作部，面向PDT③成立了专业的市场代表团队，有力地抓起了产品上市营销操盘工作，真正实现了产品从总部到一线代表处的上下纵向对齐，以

---

① SE：System Engineer 的缩写，意为系统工程师。
② PCB：Printed Circuit Board 的缩写，意为印制电路板或印刷电路板。
③ PDT：Product Development Team 的缩写，意为产品开发团队。

及面向一线的市场技术、品牌营销、服务、财务、售前技术支持、定价、产品规划等的横向拉通。产品上市的操盘过程和一线销售实现了完美的融合。到2010年，华为产品上市效率已经远远超过了友商，我们追赶的标杆公司在市场上的产品特性已经落后于华为2~3年。

2011年，华为组建3个BG①，其中CBG面向消费者市场。从2012年开始，CBG陆续总结了在To C市场面临的问题和挑战，基于MPP的逻辑框架，并融合业界优秀实践，逐步优化出了IPMS流程。这个流程在保持MPP纵向对齐总部到一线代表处的同时，横向拉通了营销、渠道、零售、GTM（Go To Market）、产品、服务、交付、财务等各个环节，实现了真正的面向To C市场的产品上市及生命周期的操盘，并且在Mate 7、P9等系列爆品打造过程中起到了重要作用。

书中所提的"五定"（定基石、定价、定量、定投入、定节奏）与"五策略"（营销、渠道、零售、电商、服务），正是我们在首销战役中反复验证的黄金法则。无论是"首销即热销"的爆发力，还是"生命周期再盘活"的持续力，流程的底层逻辑始终是"精准洞察"与"高效执行"。

本书另一大亮点是对IPMS流程的全面解构。IPMS不仅是华为消费者业务从百亿元迈向千亿元的基石，更被验证为跨行业的通用方法论。在汽车、快消、新能源等领域的咨询项目中，我亲眼见证IPMS如何帮助企业打破部门壁垒，实现"战

---

① BG：Business Group的缩写，意为业务单元。

略—战术—运营"的全链路协同。书中"33442平台"与"七力模型"的提出，为企业提供了可落地的能力构建框架，而"避坑指南"则凝结了无数实战教训，极具参考价值。

《爆品操盘GTM：从宝洁BM到华为IPMS》绝非纸上谈兵。它既适合企业高层制定战略路标，也为一线操盘手提供了"从上市到退市"的完整工具包。无论是"国家产品路标规划"中的"五看三定"，还是"复盘管理"中的PDCA闭环，每一章节都渗透着"以终为始"的实战思维。

产品操盘是一场永无止境的进化之旅。本书的价值不仅在于传授方法，更在于激发思考——如何将流程与人性相结合、将数据与直觉相平衡、将短期爆发与长期价值相统一。愿每一位读者都能从中找到属于自己的"爆品密码"。

谭新德

蓝血十杰

前华为首任CKO

华为前战略营销流程变革负责人

2025年3月1日

前言

自 2010 年以来，华为手机从名不见经传到 P6、Mate 7 火爆上市，再到 2019 年华为手机出货量达到 2.4 亿台，超越苹果，成为全球第二大手机品牌，中国市场份额超过 45%，华为品牌的声量不断攀升。由于华为在运营商、企业、消费者等领域的成功实践，各行业的众多企业在中国大地上掀起了学习华为的热潮，这股热潮在美国打压华为后更是达到了顶峰。华为消费者业务以令人惊艳的速度推出爆品，每年上半年针对年轻用户和时尚达人的 P 系列，以及下半年针对高端商务人士的 Mate 系列，每一次新品上市都在市场上掀起购买热潮。更为引人注目的是，经历美国打压的华为于 2023 年 8 月 28 日 10 时 08 分推出的 Mate 60 系列手机，更是在无发布会、无任何营销预热的情况下直接上市，仅凭线上华为商城的一个通知、一个链接，产品立刻被抢购一空，线上线下都出现了断货和缺货的情况，一机难求。不仅如此，上市一周后，在不同的媒体渠道依然能看到对 Mate 60 系列不同维度的测评和点赞，其声量和热度非常高，甚至超过了刚发布的 iPhone 15。2024 年 11 月 18 日 12 时 08 分，搭载纯血鸿蒙系统的首款 Huawei Mate 70 系列在华为商城开放预约，在只有规格参数而没有公布具体零售价格的情况下，10个小时内的预约人数已达到190万人。一款手机上市后市场反响如此之大，声量和热度如此之高，华为究竟是怎么做到的呢？其中的原因可能很多，但华为的集成产品营销、销售和服务（IPMS）流程功不可没。

有人说，IPMS就像是一个向导，为什么会有这样的比喻呢？因为向导拥有丰富的经验，对目的地、路途以及过程中可能遇到的风险和应对方法都有亲身的经历，所以值得依赖和信任。又有人说，IPMS就是一个领导者，因为它能够集成各领域职能，共同实现产品目标和商业成功。就这样，在IPMS的引领下，经过一代又一代产品的上市运作、复盘与迭代，华为产品的上市操盘越来越成功，同时IPMS自身也日益强大。

目前网络上有大量关于华为IPMS的知识和相关介绍，也有很多企业邀请咨询顾问学习华为的IPMS。现在市场上关于产品操盘存在很多版本，理解各不相同，部分版本甚至相互矛盾，有时会让读者无所适从。我是在华为向公开市场转型时期作为"明白人"加入华为的，经过华为消费者业务执行副总裁赵科林的最终面试后，加入华为零售管理团队工作。同时，作为华为大零售业务流程架构Retail v1.0的亲历者，我认为自己有责任将华为向公开市场转型及IPMS如何诞生的过程（从MPP流程至GTM①流程再至IPMS）加以澄清，帮助读者理清其中脉络，助力企业学习到业界先进的产品操盘方法，同时也为促进消费品行业的发展尽一份微薄之力。

---

① GTM：Go To Market的缩写，意为产品上市。

本书由六个部分组成，旨在通过产品操盘、爆品打造的发展脉络，向读者呈现一整套有价值、可供参考、可执行且可落地的产品操盘解决方案。

第一部分，探本溯源，追溯产品操盘、爆品打造的发展史。从宝洁的BM到IBM的集成产品开发（IPD）流程，再到华为的IPD，产品操盘有着清晰的历史沿革。

第二部分，解密华为IPMS的诞生过程。其实，华为IPMS并不神秘，通过讲述产品上市操盘在公司内部的发展历程，我们可以发现其是有迹可循、有方法可循的，每个企业都有可能做到。

第三部分，掌控全局，通过产品战略操盘（大盘），落实公司的战略规划（SP①）和业务计划（BP②）在营销组织的解码和落地，实现资源有效配置、组织协同作战，以及促进销售目标的达成。

第四部分，爆品打造，实现单产品的商业成功——IPMS操盘（小盘、战术操盘）。通过IPMS流程，集成各部门之力，力出一孔，蓄势冲量，实现"首销即热销，上市即上量，新品即爆品"的目标。

第五部分，IPMS的成功要素是它能够打造爆品，并且能够持续打造爆品的关键所在。在向公开市场转型的过程中，在补全华为缺失的品牌、渠道和零售等To C关键能力的过程中，我们发现有再好的流程和方法，如果组织能力和业务能力存在

---

① SP：Strategy Plan 的缩写，意为战略规划。
② BP：Business Plan 的缩写，意为业务计划。

不足也会对最终结果产生巨大的影响，这也是"木桶理论"最贴合的例子。企业可以通过提升"操盘力、产品力、品牌力、覆盖力、创收力、连接力、支撑力"以获得操盘成功。读者有兴趣的话可以结合我的另一本著作《华为零售》一起阅读。《华为零售》是一本讲述华为零售管理哲学的书籍，以叙事的方式，系统地讲述了华为零售业务在萌芽期、探索期、成长期、成熟期四个阶段的不同发展历程。《华为零售》提供了基于华为BLM战略模型设计的翔实案例，从机会差距、业绩差距展开，通过市场洞察五看三定，从战略制定至战略解码直至个人PBC的全过程，助力企业提升零售能力——创收力。关于品牌力的打造，可以参考《华为终端品牌思维3.0》。该书由原华为海外国家经理、荣耀海外营销部第一任部长、荣耀全球营销总监杨莉女士撰写。其将理论与丰富的实战经验相结合，以开阔的视野展现了品牌建设的思路，对企业建设品牌具有很强的启发性。

第六部分，华为IPMS在不同的行业中也可以应用，但必须有相应的适配。华为IPMS在华为内部应用时，是镶嵌在华为整体流程架构中的，与其他流程相互输入输出、相互支撑。不考虑整体流程的情况下直接照搬，可能会导致水土不服。本章节特别针对汽车行业和快消品行业的应用做了简单说明，以便读者更好地借鉴。

华为IPMS不神秘，它有自身的诞生、发育、生长、成熟的过程；华为IPMS也不是原生的，也是基于前人的经验，融入自身的体会提炼而成的方法。相信在产品营销、操盘的历史进程中，IPMS 仅是闪亮的一环，能够为当今时代的企业带来标杆示范及参考作用，也算是作出了应有的贡献。

朱秋虎

2025 年 1 月 1 日

目录

第一章　产品操盘的发展史　　　　　　　　　　　　　　　　　1

  1.1　宝洁 Brand Man ／ 3

  1.2　集成产品开发 IPD ／ 4

  1.3　产品操盘的历史沿革小结 ／ 14

第二章　解密：产品操盘流程 IPMS 的前世今生　　　　　　　17

  2.1　源自华为 IPD 体系关键支撑流程 MPP ／ 20

    2.1.1　师承 IBM 的华为 IPD 体系 ／ 20

    2.1.2　MPP 流程 ／ 32

      2.1.2.1　MPP 流程有助于产品上市推广和销售成功 ／ 32

      2.1.2.2　4P 营销理论在 MPP 流程中的应用 ／ 39

      2.1.2.3　MPP 流程简介 ／ 40

    2.1.3　MPP 流程在华为消费者业务中的应用 ／ 43

  2.2　向业界标杆学习，引入 GTM ／ 49

    2.2.1　向业界标杆学习引入 GTM 的背景 ／ 49

    2.2.2　GTM 究竟是什么神秘组织？ ／ 56

    2.2.3　华为 GTM 流程 ／ 64

    2.2.4　华为 GTM 应用案例 ／ 74

2.3　大零售业务流程架构 Retail v1.0 / 77
　　2.4　GTM 流程结合 Retail v1.0 形成 Retail v2.0 / 84
　　　　2.4.1　GTM 流程迭代升级的背景和方向 / 84
　　　　2.4.2　IPMS：集成产品营销服流程 / 92
　　　　　　2.4.2.1　IPMS 是业务流 / 93
　　　　　　2.4.2.2　IPMS 是业务流程 / 95
　　　　　　2.4.2.3　IPMS 运作机制 / 98
　　　　　　2.4.2.4　几个需要澄清的概念 / 106
　　　　2.4.3　华为 IPMS 流程操盘应用成功案例 / 113

第三章　产品操盘之战略盘　　117

　　3.1　产品操盘方法及保障机制 / 119
　　　　3.1.1　产品操盘 ILFOR 五步法 / 119
　　　　3.1.2　产品操盘 PCPC 保障机制 / 121
　　3.2　产品操盘——战略盘：公司级产品组合操盘 / 125
　　3.3　产品操盘——战略盘：国家产品路标规划 / 129
　　　　3.3.1　产品操盘之"辨"——市场洞察 / 129
　　　　　　3.3.1.1　市场洞察的意义及"五看三定"方法 / 129
　　　　　　3.3.1.2　国家产品操盘的市场洞察 / 134
　　　　　　3.3.1.3　举例：国家产品操盘的市场洞察 / 140
　　　　3.3.2　产品操盘之"定"——产品路标 / 148
　　　　3.3.3　案例：国家产品路标规划 / 152

第四章 产品操盘之战术盘 161

4.1 产品操盘：单产品 IPMS 操盘 / 163
4.2 产品操盘之"操"——上市操盘 / 164
4.2.1 上市操盘之"五定" / 164
4.2.1.1 定基石 / 164
4.2.1.2 定价 / 175
4.2.1.3 定量 / 179
4.2.1.4 定投入 / 181
4.2.1.5 定节奏 / 182
4.2.2 上市操盘之"五策略" / 185
4.2.2.1 营销策略 / 185
4.2.2.2 渠道策略 / 194
4.2.2.3 零售策略 / 196
4.2.2.4 电商策略 / 202
4.2.2.5 服务策略 / 204
4.3 产品操盘之"营"——运营管理 / 206
4.3.1 攻：打得好——发布会和首销"战役" / 206
4.3.1.1 秀一场抓眼球的发布会 / 206
4.3.1.2 让"首销即热销、新品即爆品" / 210
4.3.2 守：守得住——生命周期声量和销量保持高位 / 213
4.3.3 收：收得稳——平稳退市将市场交接至下一代 / 219
4.4 产品操盘之"盘"——复盘管理 / 220
4.4.1 复盘管理 / 220
4.4.2 首销复盘及生命周期复盘 / 222

第五章　IPMS 成功要素及学习法　　225

5.1　IPMS 成功要素——"33442 平台"及"七力"模型 / 227

5.1.1　GTM 操盘是关键——操盘力和产品力 / 229
5.1.2　品牌打造是王道——品牌力 / 232
5.1.3　渠道管理是核心——覆盖力 / 240
5.1.4　零售阵地是根本——创收力 / 245
5.1.5　服务管理是基础——连接力 / 249
5.1.6　平台底座是支撑——支撑力 / 251

5.2　学习及落地 IPMS 避免踩的坑 / 255

第六章　IPMS 流程的广泛应用　　261

6.1　商业成功——IPMS 的有效应用 / 263
6.1.1　IPMS 在汽车行业的应用 / 263
6.1.2　在快消品行业的应用 / 268
6.2　出海利器——IPMS 的有效应用 / 269

结　语　　273
附录 1　TR 与 GR 业务内容对应表　　276
附录 2　英文缩写词　　280
参考文献　　286

第 1 章

产品操盘的发展史

1.1 宝洁 Brand Man
1.2 集成产品开发 IPD
1.3 产品操盘的历史沿革小结

1.1 宝洁 Brand Man

1931 年，一位名叫麦克尔罗伊（McElroy）的年轻人开始在宝洁公司担任行销经理，负责"Camay 佳美牌"香皂的广告活动。一直以 99.44% 的纯度作为卖点的 Camay 香皂自上市以来，销售表现可圈可点。虽然 Camay 的表现不错，但与公司旗下的另一款知名品牌"Ivory 象牙牌"肥皂相比，就显得逊色多了。公司希望看到 Camay 这个具有巨大潜力的品牌能够实现新的增长。在麦克尔罗伊接手 Camay 后，他向公司提出了一份要求设立新岗位的建议，这份建议便是著名的 McElroy Memorandum（备忘录）。

麦克尔罗伊提出：如果公司的销售经理把精力同时集中于 Camay 香皂和 Ivory 香皂的话，那么 Camay 的潜力就永远得不到充分发掘。因此，他提出要设立"Brand Man（品牌人）"的概念。设立的目的也很简单，就是**如何能够卖出更多的 Camay 香皂**。而品牌人以及他所带领的小团队的主要职责集中在"**广告、管理品牌、推销产品和跟踪销售**"上。这就是说，一个品牌人应该有一个销售小组的协助，每一个宝洁的品牌都应该被当作一个单独的事业来经营，与其他品牌展开竞争。现今来看，这个职责基本上也是产品经理的职责。

麦克尔罗伊的提案赢得了宝洁高层的支持，同时他的成功表现使公司认识到产品管理的巨大作用。之后，宝洁便以"产品管理体系"重组公司架构，这种管理形式为宝洁赢得了巨大的成功，同时也成为全球产品管理的典范。在这个体系下,**一个人负责一个品牌,即一个产品经理对这个品牌全面负责,管理该产品的全流程**。

产品经理通过对产品的"广告、管理品牌、推销产品和跟踪销售"的全方位、全流程管理,实现对这一品牌、这一产品线的商业成功(卖出更多)。

由此,产品经理、产品操盘诞生了。

1.2 集成产品开发 IPD

产品管理体系建立后,宝洁通过自身完善的人才识别和培养体系,培养出了大量的产品经理,同时也向世界输出了许多具备**品牌管理思维**和**产品管理实践经验**的产品经理。产品经理不仅在快消品行业被广泛采用,也在其他行业得到了广泛应用。例如,2007年,房地产行业的万科在明确了住宅地产的标准化与细分化战略后,拟设置产品经理岗位,以实现对自由青年家庭、小太阳家庭、望子成龙家庭、幸福晚年家庭、成功家庭等不同人群的专业研究与针对性产品的开发。由于房地产行业没有现成的产品经理型人才可以引进,于是万科开展了轰动一时的人才定向挖掘"007计划"(针对产品经理型人才进行招聘),该计划的指向性十分明确——快消品行业&宝洁。"007计划"在两年时间里吸引了来自包括宝洁、百安居、仲量联行、凯德置地等跨国企业的40多位管理人才加盟并出任要职,为万科成为千亿级企业提前做好了人才储备。

时间回到 1939 年，这一年惠普公司成立了。创始人比尔·休利特和戴维·帕卡德将品牌管理的思想融入电子产品中，发展出了"**产品组**"的模式。惠普的第一个产品是声频振荡器，这个产品组不仅继承了与终端用户关系紧密的品牌要素，还把开发、制造也纳入了进来。也就是说，惠普认为和客户有紧密关系的不仅有品牌要素，还有产品要素和服务要素。通过惠普产品组，我们发现品牌管理、产品管理已从宝洁延伸到其他行业，并且管理的维度开始变宽，产品组也成为现在产品团队的初期形态。产品经理岗位的创新，让惠普收益颇丰，在 1940 年至 1990 年的半个世纪里，成为这一领域的佼佼者，持续保持每年 20% 以上的同比增长率。

二战后，西方国家经济进入大发展时期，企业数量和规模不断扩大，越来越多的品牌和产品也出现在大众的视野中。随着产品由供不应求到供需平衡，再到供大于求，消费者也越来越有更多的选择空间和权利，也越来越受到企业的重视；同时，其他影响产品销售的要素也越来越多地被企业识别出来。不仅仅是产品的功能和品牌的宣传，企业还把消费者需求洞察、产品质量、促销方式、销售通路、服务等要素也加入了管理中。

1953 年，尼尔·博登（Neil Borden）在美国市场营销学会的就职演说中创造了"市场营销组合"（Marketing Mix）这一术语，意指市场需求或多或少地在某种程度上受到所谓"营销变量"或"营销要素"的影响。

1960 年，美国密歇根州立大学的杰罗姆·麦卡锡教授在其《基础营销》一书中将这些要素概括为4类，即产品（Product）、价格（Price）、渠道（Place）、促销（Promotion）。

1967年，菲利普·科特勒在其畅销书《营销管理：分析、规划与控制》中进一步确认了以4Ps为核心的营销组合方法，即：

·产品（Product）：注重开发的功能，要求产品有独特的卖点，把产品的功能诉求放在第一位。

·价格（Price）：根据不同的市场定位，制定不同的价格策略，产品的定价依据是企业的品牌战略，注重品牌的含金量。

·渠道（Place）：企业并不直接面对消费者，而是注重经销商的培育和销售网络的建立，企业与消费者的联系是通过分销商来进行的。

·促销（Promotion）：不仅是促销，还包括品牌宣传（广告）、推广、公关等一系列的营销行为。

由上可知，在20世纪60至70年代，现代营销理论逐步发展成型，众多的产品管理思想和各企业的营销实践成为现代营销理论的营养和来源。在这期间，产品经理和营销经理的角色定位相似，都涉及定价、包装、促销和营销，而产品开发则由公司专业的开发团队负责。

我们知道，企业间的人才流动、技术流动是一种正常的社会现象，这既有人才个人兴趣和特长的原因，也有选择更适合自己的工作环境和发展机会的原因，还有企业之间为了竞争而吸引人才的原因。总之，好的商业模式会被其他企业迅速吸收，然后再进行完善、优化和再创新，如此循环往复，企业的能力不断增强，也带动了整个社会商业的进步。表1-1展示的是部分通信消费电子类行业的企业在二十世纪八九十年代的人才流动情况，相信随着人才的流动，企业管理的先进思想也会随之流动。

进入20世纪80年代，全球市场竞争日益激烈，特别是在高科技领域和制造业领域。企业需要更快地推出新产品，以应对快速变化的市场需求和技术进步。许多企业在产品开发过程中遇到了效率低下的问题，包括开发周期长、资源浪费、产品质量不佳等，这些问题严重影响了企业的市场响应速度和竞争力。另外，随着市场的成熟和消费者需求的多样化，企业也需要更加灵活和高效的产品开发流程，以满足不同客户的需求。基于这样的背景，产品及生命周期优化法理论产生了。

《产品及生命周期优化法》（简称PACE）是由PRTM公司（现为PRTM Management Consultants）在1986年出版的一本书。PACE方法论旨在通过系统性管理和优化产品生命周期的各个阶段，提高开发效率、缩短产品上市时间、提高产品质量和增强市场竞争力。这本书详细描述了这种新的产品开发模式，其核心理念为：

表1-1 二十世纪八九十年代部分企业的人才流动一览表①

入职公司	前公司						
	摩托罗拉 Motorola	诺基亚 Nokia	飞利浦 Philips	爱立信 Ericsson	索尼 Sony	微软 Microsoft	IBM
摩托罗拉		James A. Lauder 市场拓展,1990's		John F. Mitchell 移动总裁,1980's	Tetsuro Higuchi 市场销售,1990's	Scott Forest 软件开发,1990's	Gary Tooker 市场拓展,1990's
诺基亚	Ilkka Raiskinen 技术开发,1990's			Jorma Ollila Nokia CEO 1992	Jorma Virtanen 产品开发,1990's	Jukka-Pekka Keino 软件开发,1990	
飞利浦	Jan van der Linden,1990's 市场拓展	Peter van der Linden 市场拓展,1990's		Henk van der Linden 市场销售,1990's	Jan van der Meulen 市场销售,1980's	Jan de Wit 技术创新,1990's	Jan van den Berg 市场拓展,1990's
爱立信	Lars Nyberg 市场销售,1990's	Per-Arne Bergqvist 市场销售,1990's	Jan Karlsson 市场和销售,1990's			Jan Frykhammar 技术创新,1990's	Ulf Ewaldsson 市场拓展,1990's
索尼			Toshio Kadokawa 市场和销售,1980's			Kenichiro Yoshida 1980's	
三星电子	Dong-Soo Ko 市场拓展,1990's	Jae-Joon Kim 技术开发,1990's		Seung-Hwan Cho 市场销售,1990's		Hyun-Sook Jun 技术创新,1990's	Jong-Hee Lee 市场拓展,1990's
IBM	Christopher Galvin CEO,1997—2003					Rick Belluzzo 总裁,1990's	

① 表中信息来源自互联网。

- 市场驱动

PACE 强调以市场和客户需求作为产品开发的驱动力，确保产品符合市场的需求。

- 跨职能团队协作

PACE 强调跨职能团队的协作，包括市场、研发、制造、销售等各个部门的紧密合作，以确保产品开发的高效和协调。

- 并行工程

PACE 通过并行工程的方法，将原本串行的开发流程改为并行进行，从而缩短产品开发周期。

- 严格的评审和决策机制

PACE 引入了严格的评审和决策机制，确保每个开发阶段都有明确的目标和标准，通过定期的评审会议，及时发现和解决问题，确保项目按计划推进。

- 投资管理

将产品开发视为一项投资进行管理，通过严格的预算控制和资源分配，确保资源的有效利用。

PACE 的实施步骤为市场调研、产品规划、跨职能团队组建、并行工程实施、阶段—关卡评审、项目管理、投资评估。

《产品及生命周期优化法》一书出版以后，被许多公司广泛借鉴和应用，显著提高了产品开发的效率和质量，在缩短产品上市时间、减少开发浪费、提高开发生产力等方面均取得了不俗的成绩,帮助企业在全球市场竞争中取得成功。

在20世纪90年代,PRTM公司有大量人才加入其他企业,如罗伯特·谢尔顿(Robert Shelton)担任思科系统高级副总裁、詹姆斯·安德鲁斯(James Andrews)担任IBM高级副总裁、克里斯托弗·高尔文(Christopher Galvin)担任摩托罗拉CEO、郝睿强(Richard Hausmann)担任西门子中国总裁等,继续在各自的领域发挥重要作用。随着人才的流动,PACE方法论也被广泛应用于企业,推动了企业产品开发能力的提升和社会的进步。

同年,加拿大学者罗伯特·G.库珀博士的著作《新产品开发流程管理:以市场为驱动》(*Winning at New Products: Accelerating the Process from Idea to Launch*)首次出版。这本书详细介绍了阶段—门径(Stage-Gate)产品开发流程,这是一种系统化的新产品开发方法,旨在提高新产品从构思到市场推出的速度和成功率。该书描述了一个分阶段的产品开发过程,每个阶段之间设有管理决策点(即"门"),以确保在产品开发过程中做出明智的商业决策。这些阶段包括想法生成、可行性评估、能力开发、测试验证以及产品发布等。书中强调了跨功能团队合作的重要性,并提供了大量实证研究支持其理论。许多知名企业借鉴了库珀的阶段—门径理论,例如IBM、宝洁、杜邦、惠普和北电等公司都采用了这一理念。

时间来到1992年,此时的IBM正处于严重的财政危机中,销售收入停止增长,利润急剧下降。为了重新获得市场竞争优势，IBM 决定采用 PRTM 公司提出的 PACE 模式，同时融入阶段—门径理念，并在此基础上发展出了一套独特的产品开发方法论体系，即 IPD。相较于 PACE 模式，IBM 结合公司的实际情况和实践，在几个方面进行了优化：

- 集成与协调

IPD 强调跨部门的集成和协调，通过建立跨职能团队来共同参与产品开发过程，这有助于提高决策效率和产品质量。相比之下，PACE 虽然也强调团队合作，但更多侧重于项目管理的结构化和系统化。

- 市场导向

IPD 模式特别强调市场导向，即产品开发应紧密围绕市场需求进行。这种导向性使得产品更有可能满足市场和客户的实际需求，从而提高产品的市场竞争力。而 PACE 则更多关注于产品开发的效率和周期优化，可能在某种程度上忽视了市场反馈的即时性和准确性。

- 全生命周期管理

IPD 模式从产品的概念阶段开始，就将整个生命周期的成本和效益考虑在内，这有助于实现长期的成本控制和价值最大化。而 PACE 虽然也涉及产品生命周期的管理，但更侧重于短期的效率提升。

- 持续改进与学习

IPD 模式鼓励持续学习和改进，通过不断反馈循环来优化产品开发过程。这种持续改进的文化有助于企业快速适应市场变化和技术进步。相比之下，PACE更侧重于当前项目的执行效率，对持续改进的重视程度不如IPD。

- 风险管理

IPD模式通过早期的风险识别和管理，可以更有效地预防和减少项目失败的可能性。这种前瞻性的风险管理策略有助于保护企业免受潜在的财务和声誉损失。而PACE虽然也包含风险管理元素，但更侧重于项目执行阶段的风险控制。

IBM的这些优化内容包括更严格的阶段—关卡评审机制、更注重跨职能团队的协同、更完善的市场驱动机制、更系统的知识管理和复用、更严格的项目管理、更注重投资管理和更全面的绩效评估。这些优化使得IPD更加适合IBM的业务特点和管理需求，帮助IBM在激烈的市场竞争中取得了显著的成功。IBM在1992年引入PACE后，通过流程重整和产品重整，成功将产品上市时间缩短了一半，并在不影响产品开发结果的情况下，将研发费用减少了一半。

除了IBM，其他众多企业也参考了PACE理论或直接请IBM进行咨询辅导，引入了集成产品开发的体系。例如：

- 华为

华为采用的是IPD（集成产品开发）流程。IPD流程包括六个阶段：概念阶段、计划阶段、开发阶段、验证阶段、发布阶段和生命周期管理阶段。

- 中兴

中兴通讯采用的是高效产品开发管理流程（HPPD[①]）。HPPD 体系强调市场、研发、销售、服务等多部门协同工作模式，确保产品开发方向正确，符合客户需求。

- 三星

三星使用的是全社商品开发标准 Process 流程（PLC[②]）。PLC 流程将开发过程分为四个阶段，其中开发和验证阶段合并为一个阶段，发布和生命周期阶段合并为生产阶段，即概念阶段、计划阶段（商品企划）、开发验证阶段、生产阶段（量产）。

- 苹果

苹果公司内部的产品开发流程体系被称为 ANPP[③]。ANPP 流程体系强调聚焦客户价值实现，通过一系列可重复、有逻辑顺序的活动将输入转化为明确、可衡量的输出。

IPD（集成产品开发）之所以被这么多企业接受并积极采用，是因为 IPD 不仅仅是开发产品，更是将产品开发当作一种投资和生意，考虑投入和盈利，把产品开发出来只是实现最终盈利的手段。可以看出，IPD 融入了经营的理念。除了把产品开发当作一门生意看待，IPD 还整合了其他一些优

[①] HPPD：High-Performance Product Development 的缩写，意为高效产品开发管理流程。
[②] PLC：Product Life Cycle 的缩写，意为全社商品开发标准 Process。
[③] ANPP：Apple New Product Process 的缩写，意为苹果新产品开发流程。

秀的经典实践，例如项目管理、结构化的流程、跨部门的团队管理以及公共基础模块、平台化技术的开发等，是集大成者。

1.3　产品操盘的历史沿革小结

从宝洁的 Brand Man（品牌人，品牌管理制）到集成产品开发模式（IPD、HPPD、PLC 或 ANPP），可以发现，**产品操盘的起点和终点都是为了实现产品的商业成功**，基于产品端到端全生命周期的操盘，是实现产品商业成功的必由之路。图 1-1 展现了产品操盘的历史沿革。

产品端到端全生命周期操盘，实现商业成功要做到两个方面，一方面是做到**产优**（产品由 0 到 1 的诞生过程），一方面是做到**卖爆**（产品的营销全过程），如图 1-2 所示。

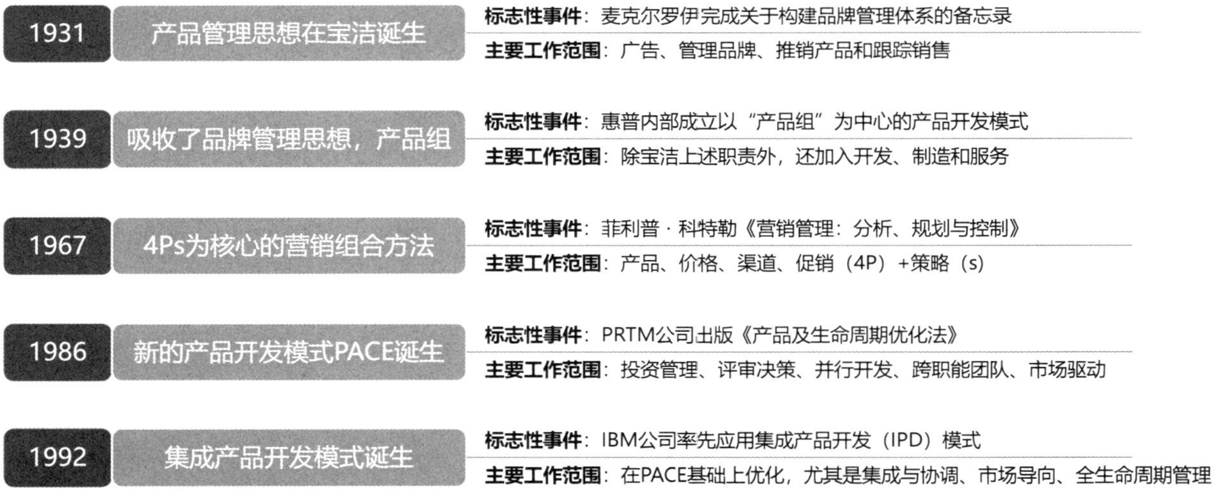

第1章 产品操盘的发展史

1931 产品管理思想在宝洁诞生
- 标志性事件：麦克尔罗伊完成关于构建品牌管理体系的备忘录
- 主要工作范围：广告、管理品牌，推销产品和跟踪销售

1939 吸收了品牌管理思想，产品组
- 标志性事件：惠普内部成立以"产品组"为中心的产品开发模式
- 主要工作范围：除宝洁上述职责外，还加入开发、制造和服务

1967 4Ps为核心的营销组合方法
- 标志性事件：菲利普·科特勒《营销管理：分析、规划与控制》
- 主要工作范围：产品、价格、渠道、促销（4P）+策略（s）

1986 新的产品开发模式PACE诞生
- 标志性事件：PRTM公司出版《产品及生命周期优化法》
- 主要工作范围：投资管理、评审决策、并行开发、跨职能团队、市场驱动

1992 集成产品开发模式诞生
- 标志性事件：IBM公司率先应用集成产品开发（IPD）模式
- 主要工作范围：在PACE基础上优化，尤其是集成协调、市场导向、全生命周期管理

图1-1 产品操盘的历史沿革

产品优秀

爆卖

做正确的事
1. 市场调研：真正以客户为中心，开发出的产品是客户需要的，而不是企业自己想象的
2. 需求管理：把客户的真实需求转化为产品开发的需求，并跟踪需求的全流程

正确地做事
1. 概念阶段：关注做什么产品，更注重商业价值
2. 计划阶段：关注怎么做产品，更注重技术的可行性
3. 开发阶段：具体的研发工作
4. 验证阶段：第三方验证研发的成果

5. 发布阶段：产品推向市场
6. 生命周期管理阶段：产品在市场上全生命周期的表现

IPD流程

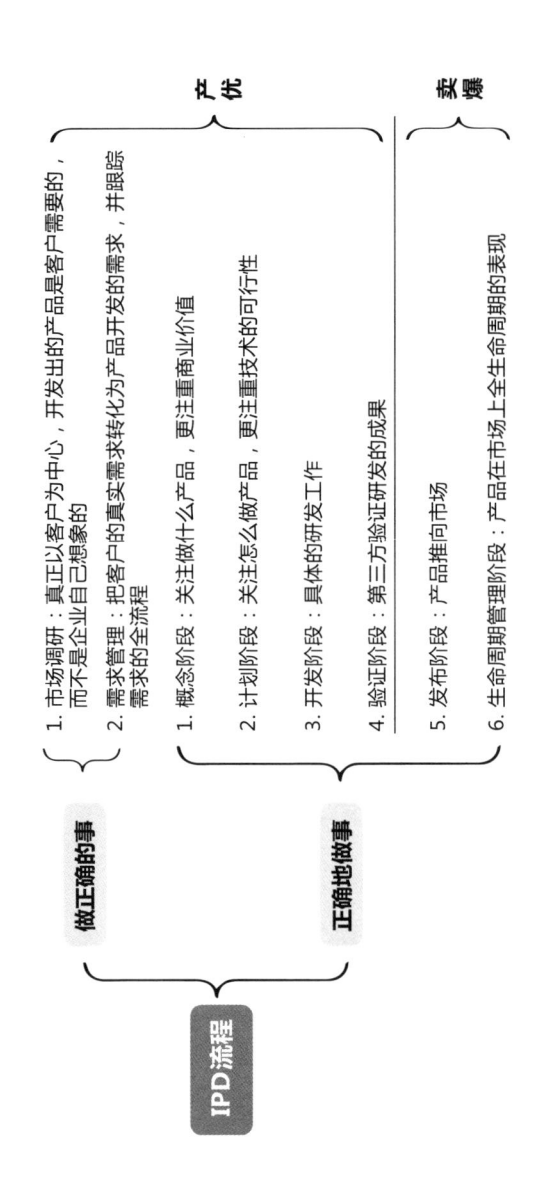

图1-2 集成产品开发（IPD）流程简明示意图

第 2 章

解密：产品操盘流程 IPMS 的前世今生

2.1 源自华为 IPD 体系关键支撑流程 MPP

2.2 向业界标杆学习，引入 GTM

2.3 大零售业务流程架构 Retail v1.0

2.4 GTM 流程结合 Retail v1.0 形成 Retail v2.0

2024年9月，华为非凡大师Mate XT火爆亮相，一经发布便成为消费者关注的焦点，开售前更是吸引了超过400万人在线预约。在智能手机市场竞争愈发白热化的当下，这样的人气更是难能可贵。2024年9月20日10时8分正式开售，不到10秒钟，第一波次便告售罄，华为官网甚至因访问量瞬间激增而一度瘫痪。华为非凡大师Mate XT非凡大师的售价介于19999元至23999元之间，这一高端定价策略也并未阻挡消费者的购买热情。能够让非凡大师实现"首销即热销、上市即上量、新品即爆品"的背后推手，正是华为IPMS流程。

华为IPMS是华为基于To C消费品的特性，融合历年终端产品（如手机等面向终端消费者的产品）操盘经验开发出来的集成产品营销服流程。**IPMS既是业务流，又是业务流程，同时也是团队运作机制**，经历了沿革进化的过程，如图2-1所示，源自IPD流程的营销计划流程（MPP）（至2012年），之后学习业界标杆升级至GTM流程（2013—2015年），再至迄今为止持续发挥作用的IPMS流程（2016年至今）。

至2012年	2013—2015年	2016年至今
MPP	GTM	IPMS
源自IPD流程	学习诺基亚	总结、创新、升级

图2-1 华为IPMS沿革

2.1 源自华为IPD体系关键支撑流程MPP

2.1.1 师承IBM的华为IPD体系

华为成立于1987年,是从代理小型交换机起家的。当时中国百业待兴,小型交换机市场十分火爆,全国的代理商也多,竞争十分激烈。在这种情况下,产品供不应求,代理商就会面临诸多问题:提前打款给厂家订货,工厂却仍然经常发不出货;产品出现质量问题,无法获得及时修理;另外,厂家也没有备件提供给代理商备用。华为为了服务客户,真是吃了不少苦头。为了满足客户的需要,最后只好将新的交换机拆成零件用于维修。1989年,由于香港鸿年公司(供货商)被收购,华为也因此失去了代理权。断货之后,华为虽然有客户,但陷入了无货可卖的境地。正是有了这种痛苦的经历,华为开始自主研发、自己生产产品,努力将主动权掌握在自己手里。

得益于20世纪90年代初的通信卖方市场及社会需求的巨大潜力,华为公司获得了不小的发展机会。1991年,华为公司的小型模拟空分式用户交换机HJD48获得成功,当年就创造了一亿元的产值。有了市场和资金,华为又把赚来的钱投入数字程控交换机C&C08的研发中。随着产品的成功,华为终于在通信市场占有了一席之地。

当时与员工研发产品、干劲十足形成鲜明对比的是公司对产品研发的粗放管理。在现任华为监事会主席郭平所著的

《常变与长青》一书中有这样对产品研发的描述：

"我做第一个产品的时候，当时市场上比较先进的是256门交换机，公司立项想做的就是256门交换机。后来我一算，最大容量可以做到512门，于是也没有正式的立项手续，我们就自作主张做了512门的交换机，竟然还成功了。当时产品开发几乎完全依赖几个技术水平高的牛人，他们奔走在几个产品开发项目之间，来回打'游击战'，整体研发效率低，产品的质量也不高。研发人员在升级的时候，发现这个版本不行，就干脆重做一个，也不继承前面的版本。工程师为了解决问题，不得不现场调试版本，眼看天要亮了，才不得不急急忙忙赶出一个版本临时救急。可以说那段时间产品迭代和版本管理都处于失控的状态。当时项目团队也各自为战，都自行采购材料、自主选择加工厂，整个公司没有统一的研发平台和研发管理。"

1995年，华为自主研发成功万门C&C08数字程控交换机并商用后，公司实现快速增长，全年实现销售额14亿元，1996年为26亿元，1997年为41亿元，1998年则达到89亿元。此时，管理上存在的问题也日益显现，制约着企业的发展。收入快速增长，而毛利率却逐年下降；产品开发周期是业界标杆的两倍以上；客户需求在产品开发过程中一变再变；新产品收入占比仅为10%，远低于西方大多数通信公司25%~36%的比例……类似的问题还有很多。

任正非此时认识到，如果企业要健康成长，管理变革迫在眉睫。1997年底，任正非带领团队访问了美国休斯公司、IBM、贝尔实验室与惠普公司。在访问美国期间，IBM涅槃重生的故事让任正非着迷。IBM是拥有26万名员工的大公司，虽然规模庞大，但公司管理制度规范，大企业像小公司一样灵活、响应速度快。任正非对IBM因变革而产生的种种变化有了新的认识，尤其对IPD（集成产品开发）的管理模型十分欣赏。他认真听取了IBM公司运作项目的全流程介绍，包括从预研到寿命终结的投资评审、综合管理、结构性项目开发、决策模型、筛选管道、异步开发、部门交叉职能分组、经理角色、资源流程管理、评分模型等全面内容。后来任正非发现，不仅仅是IBM，AT&T、朗讯也是这么管理的，这些管理思想都源自美国哈佛大学等著名大学的一些管理著述。

任正非深刻意识到："我们只有认真向这些大公司学习，才会使自己少走弯路，少交学费。IBM是付出数十亿美元直接代价总结出来的，他们经历的痛苦是人类的宝贵财富。"

1998年，经任正非发起，华为研发内部开展了"向美国人学习""向IBM学习"的活动，并组织了"创业与创新"的大讨论。在IBM顾问的指导下，华为展开了IPD咨询项目。

人们都习惯于舒适和熟悉的环境，恐惧变化，这是人之天性。而变革势必会带来不安及戒备心理，潜意识里是抵触的。因此，变革往往又被称为"一把手工程"，意思是如果一把手不支持，变革活动很难开展下去。在推行IPD变革项目时，华为也遇到了很大的阻力。此时，任正非指示：谁阻挠了IPD的发展，就把谁裁掉。

在任正非"削足适履"的口号下，穿上了他向IBM定制的IPD这双"美国鞋"。在IBM设计的五年课程中，华为逐步适应这双"美国鞋"，从学习到结合华为的实际来设计相应流程，再到小规模试行，最后大面积推行，成功实现了一个从无到有的过程。最终，IPD的理念融入了华为人的血液，成为华为人基因的一部分。经实践证明，IPD流程给华为公司带来了如下好处：产品投入市场时间缩短40%~60%，产品开发浪费减少50%~80%，产品开发生产率提高25%~30%，新产品收益（占全部收益的百分比）增加100%。

华为IPD变革是从流程重整和产品重整两个方面来变革整个产品开发业务和开发模式，主要包括若干关键要素：结构化流程、跨部门团队、项目及管道管理、业务分层、异步开发与共用基础模块（CBB[①]）、需求管理、投资组合管理、衡量指标。IPD结构化流程框架包括三个最重要的流程：需求管理流程、市场管理流程（MM[②]）和IPD流程，如图2-2所示。三大流程充分体现了市场驱动、客户需求导向，把产品开发作为投资来管理的思想。市场管理流程负责做正确的事，它通过理解市场、市场细分、组合分析、制订商业计划以及融合与优

---

① CBB：Common Building Block 的缩写，意为共用基础模块。指可以在不同产品、系统之间共用的单元。
② MM：Marketing Management 的缩写，意为市场管理流程。MM 是华为内部用于管理市场和细分市场的一系列步骤和活动。

化商业计划，输出产品系列的SP/BP（战略规划/业务计划）、产品开发路标并制定Charter（任务书），为IPD流程提供正确的输入；IPD流程通过分阶段的、跨功能领域合作的方式，把大量的研发人员以及市场、供应、制造、采购服务、人力资源、财经人员有序组织起来，完成产品开发以及相关功能领域准备工作，成功上市并持续监控产品上市后的表现直至退出市场；需求管理流程通过收集、分析、分发、实现、验证，对从机会到商业变现全过程中的需求进行有效管理，不同客户需求分别进入规划、路标、Charter，紧急需求通过规范的计划变更请求（PCR，Plan Change Request）进入正在开发的产品或解决方案中，保证了客户的中长期需求、紧急需求都及时得到满足。

从图2-2可以发现，Charter处于整个IPD结构化流程体系框架的中心位置，起着承上启下的重要作用。一个Charter的质量高低甚至可以决定后续产品开发的成功与否。

Charter是任务书（或商业计划书），是产品规划过程的最终交付物，也是产品开发的投资评审决策依据。Charter的价值在于保证研发做正确的事：一是判断产品值不值得投入；二是如果值得投入，应该怎样做才有竞争力。Charter的核心内容包括：Why（回答产品为什么要立项）；What（市场需要的产品包需求是什么）；When（何时是最佳市场时间窗口）；Who（完成这个产品开发需要的团队和角色）；How（产品的开发策略、商业计划及盈利策略、上市营销策略等）；How much（开发产品需要投入的成本和费用）。

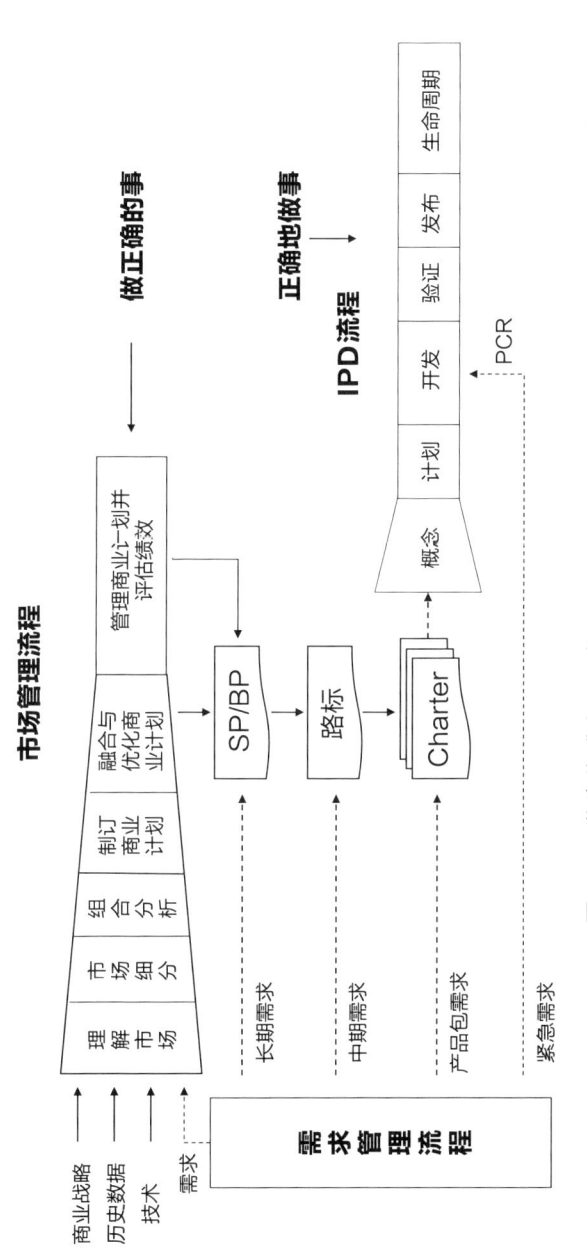

图 2-2 华为集成产品开发 IPD 结构化流程体系框架

由上可知，Charter 的质量是整个产品质量的基础。为了确保 Charter 的开发质量，CDP[①] 为 Charter 的开发提供了流程保障。CDP 流程分五个阶段：CDT[②] 立项准备→市场分析→产品定义→执行策略→Charter 移交。高质量的 Charter 移交后，产品开发流程 IPD 也就随之启动了。

产品开发流程 IPD

整个产品开发的过程分为六个阶段，分别为概念、计划、开发、验证、发布及生命周期管理。每个阶段都有明确的目标，并在流程中定义了清晰的决策评审点（DCP[③]）和技术评审点（TR[④]）。每个决策评审点都有一致的衡量标准，只有完成规定的工作并达到质量要求，才能通过并进入下一阶段工作（图 2-3）。

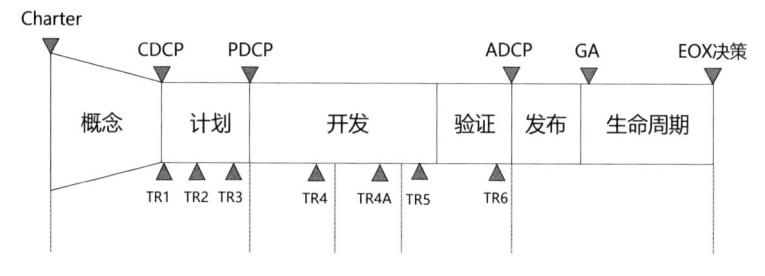

图 2-3 集成产品开发流程 IPD

---

① CDP：Charter Development Process 的缩写，意为商业计划书开发流程。
② CDT：Charter Development Team 的缩写，意为任务书开发团队。
③ DCP：Decision Check Point 的缩写，意为决策评审点。
④ TR：Technical Review 的缩写，意为技术评审点。

产品开发流程解决的是"开发、生产出好产品"的问题，产品操盘流程解决的是"卖好、卖爆、实现商业成功"的问题。由于产品操盘流程与产品开发流程深度互锁，因此为了便于理解，下面简单介绍产品开发过程的几个阶段以及技术评审点和业务决策评审点的内容。

1. 产品开发过程阶段的主要内容

（1）概念阶段

分析和理解任务书（Charter），确定产品的总体包需求和备选概念，进行系统需求的分析，对产品机会的总体吸引力以及各功能领域的策略做出快速评估，形成初步项目计划（1~2级）。主要输出文件为初步的商业计划、端到端概要项目计划、产品包需求和产品概念、概念决策评审材料。

简单理解：这个阶段是构思阶段，对产品进行定义。在产品诞生之前，会思考产品的定义，包括该产品的卖点（锁定目标人群，如商务人士、女性、高端或性价比，还是以提升市场占有率为目的）、配置（芯片、屏幕、电池等）、工业设计（ID）[①]（尺寸、外观、CMF[②]等）、物料清单（BOM）[③]（选型及成本）、售价（价格档位）。在这个阶段，至少会有数十个方案进行评审，最终仅会留下1~2个方案。根据不同机型，这一阶段至少要提前3个月，一般会提前1年至1年半的时间考虑，

---

① ID：Industrial Design 的缩写，意为工业设计。
② CMF：Color、Material、Finishing 的缩写，指从颜色、材料、表面处理工艺三个方面的综合考虑。
③ BOM：Bill of Materials 的缩写，意为物料清单。

华为三折叠屏非凡大师更是在五年前就进入了概念阶段。为什么会需要这么长时间呢？因为要海量选型，还要考虑工业结构设计、ID设计以及BOM，牵一发而动全身。（**思考得清不清楚**）

（2）计划阶段

清晰地定义产品方案及其竞争优势，进行系统架构设计，制订详细的项目计划（3~4级）和资源计划，确认最终的商业计划和合同式协议。如果采用项目级敏捷模式，还需要进行迭代准备。主要输出文件为最终商业计划、项目合同、架构与系统设计文档、端到端的详细项目计划、敏捷迭代准备材料、生命周期计划、早期客户清单、计划决策评审材料。

简单理解：这个阶段手机有了模型——"手板"。需要开模制成模型，可直观感受在概念阶段定义后的产品是否能完美地承接和呈现。（**手板好不好看**）

（3）开发阶段

产品开发阶段的主要任务是设计、开发、集成、测试符合设计规格的产品包，并构建产品原型，完成市场、制造、服务等领域的准备工作。在此阶段，可以使用不同的开发方法管理产品开发，如瀑布模型、敏捷产品开发、规模化敏捷等。开发阶段的主要输出文件为可供Beta验证的产品包、详细的产品发布计划、确定的Beta测试地点和客户名单、产品数据包。

简单理解：这个阶段将有工程样机输出，各种芯片、元器件、电池组装后，验证手机是否能够成功制作出来。（**样机做得出来**）

（4）验证阶段

进行批量生产验证和客户验证测试，确认产品功能满足要求，确认各功能领域的上市准备已经就绪，发布最终的产品规格及相关文档，为产品最终上市做好准备工作。主要输出文件为最终上市的产品、制造能力及产量计划、产品发布计划、生命周期计划、一般可获得性决策评审材料。

简单理解：在验证阶段后期进行手机的小批量生产，关注产品生产的良率。（**生产得出**）

（5）发布阶段

发布产品，制造足够数量的、高质量的产品，以便在一般可获得性决策评审（GA）后能及时销售发货。主要输出为量产准备就绪的产品和上市的产品。

简单理解：这个阶段将大批量生产产品准备上市，满足市场需求。（**供应得上**）

（6）生命周期阶段

生产、交付节奏要与销售节奏匹配，到后期考虑退市及库存的清理。（**销售得好、退出得稳**）

2. 技术评审

为了保证产品开发的质量，在产品开发流程的每一个阶段结束之前，都需要对本阶段交付件的质量进行技术评审（TR）。技术评审用于检查IPD实施到一定阶段后产品的技术成熟度，评估存在的技术风险，发现遗留的技术问题，并从技术的角度给出决策建议。技术评审点通常是强制要求的，旨在尽量避免质量问题和技术风险流入下一阶段，从而减少返工带来的资源浪费和进度损失，降低研发成本，加快产品上市速度。

关键质量控制点除了 TR 点，还有各领域评审点，如 MR①、MFR②、SR③、POR④ 等。不同的开发项目，相关领域的工作或有所不同，可以视情况进行相应的适配和裁减。

3. 业务决策评审

IPD 流程在产品上市前设立了概念决策评审点（CDCP⑤）、计划决策评审点（PDCP⑥）、可获得性决策评审点（ADCP⑦）三个投资决策评审点。这些评审点分别决定项目能否进入下一个阶段，并批准相应阶段的投资，从而形成了分阶段投资的模型，以控制研发投资风险、减少研发投资浪费。这些决策点并非技术评审，而是商业评审，它们关注正在开发过程中的产品在未来市场中的地位和竞争力、是否值得投资、有无清晰的开发计划、上市前产品及各功能领域是否准备就绪等（见表 2-1）。

如果决策未通过，则不浪费资源，项目将终止。开发项目获得立项批准并进入开发流程后，在 CDCP 和 PDCP 阶段，经过项目风险评估，可以例行终止或调整投资方向。在 PDCP 点，待开发的最终产品及开发计划应已评估清楚。一旦获得批

---

① MR：Marketing Review 的缩写，意为市场评审点。
② MFR：Manufacturing Review 的缩写，意为制造评审。
③ SR：Service Review 的缩写，意为服务评审。
④ POR：Procurement Review 的缩写，意为采购评审。
⑤ CDCP：Concept Decision Check Point 的缩写，意为概念决策评审点。
⑥ PDCP：Plan Decision Check Point 的缩写，意为计划决策评审点。
⑦ ADCP：Availability Decision Check Point 的缩写，意为可获得性决策评审点。

准，一般情况下都会投入所需的研发资源，按计划完成开发任务，将产品推向市场。

表 2-1 产品开发流程各阶段评审点及内容

研发阶段	技术评审点	决策评审点	评审内容
概念阶段	TR1-产品包需求和概念评审	概念决策评审点（CDCP）	评审产品需求和技术方案，决定是否继续投入资源研发
计划阶段	TR2-需求分解和规格评审 TR3-总体方案评审	计划决策评审点（PDCP）	从关注产品需求到产品规格的完整性，确认产品计划是否可行，并能否推向市场，产生收益
开发阶段	TR4-模块/系统评审 TR5-样机评审	/	主要针对模块或系统的功能开发进行评审和测试，降低技术风险
验证阶段	TR6-小批量评审	可获得性决策评审点（ADCP）	确认小批量生产是否可行，功能是否完备，以及产品是否已准备好发布
发布阶段	/	/	/
生命周期阶段	/	生命周期终止决策评审（EOX[①]）	决定产品是否退市

[①] EOX 是 EOP、EOM、EOS 的统称。EOP：End of Production 的缩写，意为停止生产；EOM:End of Marketing 的缩写，意为停止销售；EOS:End of Service & Support 的缩写，意为停止服务和支持。

IPD 结构化流程和 IPD 流程

"IPD 结构化流程"与"IPD 流程"在上文中不时出现，可能会让读者感到困惑。为了便于理解，下面简单阐述 IPD 结构化流程和 IPD 流程的区别。

什么是结构化流程？所谓结构化，是指相互关联的工作要有一个框架结构，并要有一定的组织原则来支撑。以 IPD 结构化流程为例，它是指管理研发工作的整个流程体系，包括前面提到的市场管理流程、需求管理流程、IPD 流程，以及相关的使能流程和支撑流程等。IPD 结构化流程框架包括三个最重要的流程：市场管理流程、IPD 流程和需求管理流程，如图 2-2 所示。IPD 流程是 IPD 结构化流程架构中的一个组成部分。

2.1.2　MPP 流程

2.1.2.1　MPP 流程有助于产品上市推广和销售成功

徐直军在 2014 年市场大会"变革与管理改进"专题上说："IPD 流程的建立，使华为在产品领域不再依赖'个人英雄'，而是基于流程就能做出一个基本能满足客户要求、质量有保障的产品。"IPD 项目推行后，经过 5 年的实践，研发项目平均周期持续缩短 50%，产品故障率减少 95%，客户满意度持续上升。随着 IPD 体系的深入推进，华为发现在产品交付过程中经常出现如下一些问题（图2-4）。

| 概念 | 计划 | 开发 | 验证 | 发布 | 生命周期 |

发布前的工作没有做好：
- 客户需求
- 竞争分析、盈利模式
- 上市前的培训、宣传
- 上市节奏、销售策略
- 目标客户
- 上市资料
- 早期客户管理混乱
- 营销策略和计划不清晰
- ……

产品向客户交付中的问题：
- 特性变化，研发不断更改，用服频繁升级
- 竞争、降价，有销量但是利润降低
- 研发一线支持频繁，影响开发周期
- 承诺了难以交付的特性，验收难，回款难
- 提前承诺导致早期发货，质量不稳，退货
- 批量交付前各项准备严重不足，矛盾不断
- ……

图2-4 产品交付过程中的常见问题

在产品发布前，有些工作没有准备到位，如客户需求不清晰、竞争分析不全面、销售策略不到位等。这些问题导致在向客户交付产品过程中产生诸多问题：（1）用户需求发生变化，研发不断更改方案；（2）为了竞争不断降价，销量增加但利润降低；（3）承诺了难以交付的特性，导致验收及回款困难等。在遇到诸多问题后，华为逐渐意识到市场管理和客户需求管理的重要性。因此，MPP流程作为IPD体系的一部分，作为关键支撑流程被逐步引入和实施，并于2005年10月正式发布（MPP融合了原来IPD中的17个市场领域的模板和Launch流程，清晰地定义了流程的角色和职责，并将各项市场活动紧密地衔接在一起，为市场代表及其团队的市场活动提供了一个基于流程的操作指南，对业务计划的执行起到了积极有效的推动作用），如图2-5所示。

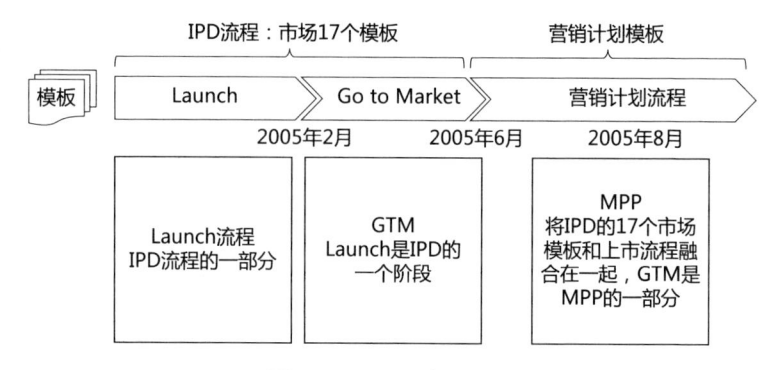

```
模板  |  IPD流程：市场17个模板                    |  营销计划模板
       Launch  >  Go to Market  >  营销计划流程
             2005年2月      2005年6月      2005年8月
```

| Launch流程 IPD流程的一部分 | GTM Launch是IPD的一个阶段 | MPP 将IPD的17个市场模板和上市流程融合在一起，GTM是MPP的一部分 |

图 2-5　MPP 发展历程

推行 MPP 的目的是快速响应客户需求，提升产品竞争力；控制产品上市节奏，缩短开发周期；保持利润持续增长，提升客户满意度和公司品牌形象。

MPP 营销计划流程旨在为产品和解决方案上市前的营销活动提供清晰、可控、基于流程的方法，确保产品在市场上的成功推广和销售；明确市场领域在 IPD 中做什么、怎么做以及谁来做。MPP 中的很多要素源于市场管理流程（MM），MPP 的核心交付件是《营销计划》，包含确保产品符合市场需求、保证产品盈利和制订落实新产品上市计划三个部分。营销计划的内容在整个 IPD 过程中都需要进行维护和更新。总之，MPP 流程是面向产品上市的流程，其底层逻辑基于经典的 4P 营销理论（Product, Price, Place, Promotion），MPP 流程的实施有助于确保产品在市场上的成功推广和销售，通过明确的营销策略和计划，提高产品的市场竞争力，如图 2-6 所示。

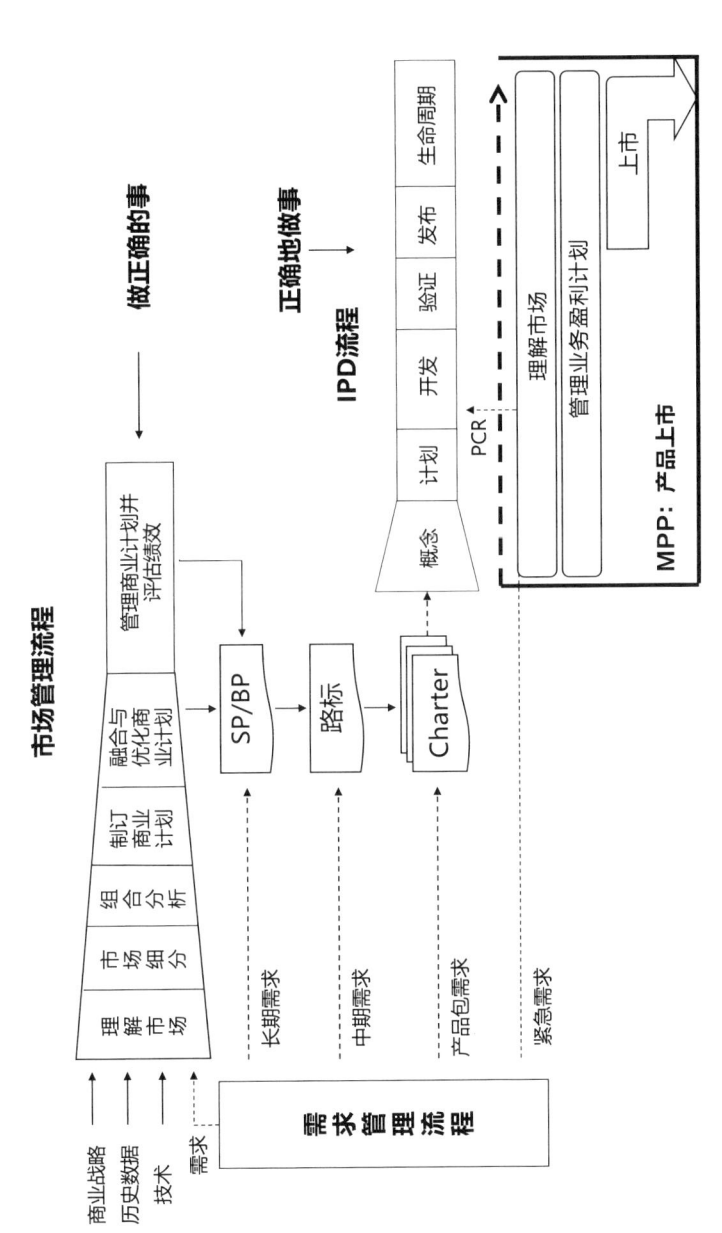

图 2-6 MPP 流程在华为集成产品开发 IPD 管理体系中所处位置示意图

MPP 流程发布前后的对比详见表 2-2。

表 2-2 MPP 流程发布前后对比表

区分	MPP 发布前	MMP 发布后
流程	Launch 流程，ESP[①] 流程	由 MPP 替代 Launch 流程、ESP 流程
模板	17 个市场领域的模板缺乏衔接	取消原来的 17 个市场领域的模板，MPP 新模板明确了责任人及输入输出关系
角色	市场代表外围组各个成员职责定义不清晰	定义了核心组和扩展组及其职责
与 IPD	作为核心组成员参与 IPD	由市场代表团队和 MPP 来支撑 IPD
与 MM	市场代表模板与 MM 衔接不紧密	市场模板直接从 MM 流程中继承
与 OR[②]	需求直达研发，由 SE[③] 控制	需求经市场代表到研发，由 RME[④] 控制
与预测	只有短期预测	短、中、长期预测
业务指导	竞争分析、需求分析等缺乏指导	增强了竞争分析、需求分析等指导性内容

备注：1. SE 是系统工程师，在 IPD 体系中扮演着关键角色，负责

[①] ESP：Early Support Program 的缩写，意为早期支持程序。
[②] OR：Offering Requirement 的缩写，意为包需求，又叫产品包需求，包括内部和外部客户需求。
[③] SE：System Engineer 的缩写，意为系统工程师。
[④] RME：Request Management Engineer 的缩写，意为需求管理工程师。

将市场需求转化为产品包需求，并确保开发过程符合产品需求和规格。SE 需要具备跨领域知识和技能，以确保产品开发的成功。具体职责包括需求转化、产品设计和过程检视等。

2. RME 是需求管理工程师，在华为的需求管理体系中，负责需求的收集、分析、分配和实现。RME 通过与市场代表合作，确保需求能够有效地传递到研发部门，并由研发团队进行实现。RME 在需求管理流程中起到桥梁的作用，确保需求从市场到研发的顺畅传递。

MPP 流程中的角色

·市场代表核心组：PDT 市场代表、市场分析工程师、需求管理工程师、营销支持工程师、业务规划工程师、整合营销宣传工程师。

·市场代表扩展组：定价工程师、预测工程师、研发市场技术经理、网络设计工程师、行销工程师、服务营销工程师。

以 PDT 市场代表、整合营销宣传工程师举例看角色职责。

（1）PDT 市场代表的角色职责

·管理核心组、扩展组成员，负责营销计划的整体制订与落实；

·驱动所有功能部门活动的整合；

·驱动营销计划和进度的制订以及签注；

·制订与战略相协调的产品包计划，并驱动产品包推向市场；

·制订与策略相协调的项目计划；

·确保营销和销售活动的准备度；

·评估绩效，并针对策略和计划提出调整建议；

·制定产品包 / 解决方案策略；

· 进行市场财务评估；

· 制定客户满意度和忠诚度策略；

· 制订资源和技能计划。

（2）整合营销宣传工程师（IMC[①]）的角色职责

· 将营销策略和需求转变为有效的 IMC 策略、计划与方案；

· 支持营销对新产品包/解决方案的定位，并运用 IMC 目标策略和活动介绍新产品包/解决方案；

· 选择正确的宣传策略（广告、促销、互动营销等），管理/指导宣传策略的执行；

· 有效地运用定性和定量研究来制订、度量 IMC 计划和方案；

· 制订有创造性的、有创意的、可度量的 IMC 计划和交付件工具，交付"Brand Promise of Value"（华为对其产品和服务所承诺的价值）；

· 管理大型的复杂的 IMC 项目，确定目的、范围、益处、成本、交付件和进度等；

· 协调 IMC 策略、计划和方案，确保跨业务部门和地区部对它们的理解以及正确实施；

· 应用品牌概念和方法论；

· 管理产品包命名；

· 管理内部、外部发布信。

---

① IMC：Integrated Marketing Communications 的缩写，意为整合营销传播。

2.1.2.2　4P 营销理论在 MPP 流程中的应用

● 产品（Product）

华为在产品开发阶段，会深入研究产品的功能、设计、质量以及品牌等方面，以确保产品在市场中具有竞争力。这包括了解消费者是谁，他们想要从产品/服务中获得什么，产品的特色以及它如何满足消费者需求。

● 价格（Price）

定价策略是华为营销计划中的关键部分，它不仅决定了利润、需求和供给的关系，还决定了市场产品的定位，即是高端市场还是性价比市场等。华为会综合考虑产品成本、市场需求、竞争对手定价和目标利润等因素，制定合理的定价策略。

● 渠道（Place）

渠道策略涉及产品从生产者到消费者的传递过程。华为选择合适的销售渠道，如零售店、电商平台或分销商，以有效覆盖目标市场并提升销售效率。这包括确定产品的销售渠道和分销策略，以及与渠道合作伙伴建立并维护良好的合作关系。

● 促销（Promotion）

促销策略旨在通过广告、公关、销售促进等手段，与目标消费者进行有效沟通，提升品牌知名度和产品销量。华为会制定推广和营销活动策略，包括广告、促销、公关活动、市场营销活动等，以提高产品曝光度和吸引消费者。

2.1.2.3 MPP 流程简介

1. MPP 核心交付件的三大核心

MPP 核心交付件的三大核心为理解市场、管理业务盈利计划、上市（图 2-7）。

MPP的核心交付件是《营销计划》，包含三部分：

第一部分：保证产品是市场所需要的
- 市场策略与目标
- 市场环境
- 目标市场细分市场概况
- 客户需求
- 竞争分析
- 产品包概述&定位
- 价值陈述

理解市场
管理业务盈利计划
上市

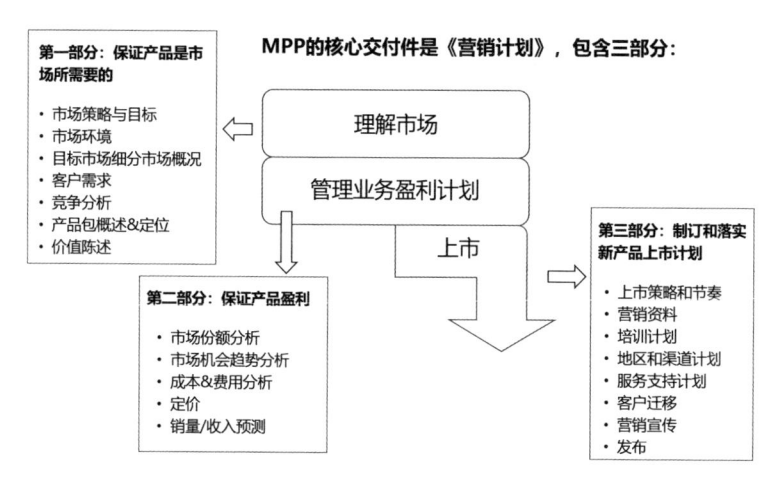

第二部分：保证产品盈利
- 市场份额分析
- 市场机会趋势分析
- 成本&费用分析
- 定价
- 销量/收入预测

第三部分：制订和落实新产品上市计划
- 上市策略和节奏
- 营销资料
- 培训计划
- 地区和渠道计划
- 服务支持计划
- 客户迁移
- 营销宣传
- 发布

图 2-7 营销计划三大核心

· 理解市场：确保产品是市场所需要的。为了保证产品是市场所需要的，要对市场进行充分的洞察，包括市场环境、细分市场、需求与竞争分析、产品包概述及定位等，以充分理解市场。

· 管理业务盈利计划：确保产品盈利。为了保证盈利，需要制定相对准确的定价策略，这要求对市场份额、市场机会趋势、成本及费用等进行深入分析，并对销售和收入进行相对准确的预测。

·上市：制订并落实新产品上市计划。为产品上市做好充分准备，制订相应的上市策略（及节奏）、营销计划、培训计划、渠道计划、服务计划等。

2. 四个阶段和三个评审点

图 2-8 所示为 MPP 流程中四个阶段和三个评审点。

```
Charter    CDCP  PDCP        ADCP       GA        EOX决策
  ▼         ▼    ▼            ▼          ▼           ▼
┌─────┬────┬────┬────┬────┬──────────────┐
│ 概念 │计划│开发│验证│发布│   生命周期   │
└─────┴────┴────┴────┴────┴──────────────┘
           ▲    ▲    ▲
          MR1  MR2  MR3
 |— 概念和计划阶段 —|— 开发阶段 —|验证阶段|发布阶段|
```

图 2-8　MPP 流程中四个阶段和三个评审点

（1）四个阶段

·概念和计划阶段：市场营销团队在收到任务书（Charter）后，再次对市场进行分析和洞察，确认市场环境的变化。然后根据最新的市场洞察结果，制订业务盈利计划和产品上市计划，开发早期资料。随后进行 MR1 评审。评审通过后，提交计划决策评审材料，进行 PDCP 评审，并执行 PDCP 决议。

·开发阶段：市场营销团队开发营销计划、营销宣传材料、投标支撑材料和产品配置工具，并完成产品的初步定价。在早期少量发货之前，进行 MR2 评审，同时启动产品的早期宣传和培训赋能工作。

·验证阶段：产品通过 MR2 评审后，意味着产品相关参数基本已确定,如特性、规格、成本等。此时,需要根据MR2的评审结论,更新营销材料,包括营销计划、投标材料、产品配置工具等,并根据产品最新成本和市场计划调整产品定价。在进行可获得性决策(ADCP)之前,需要进行MR3评审,确保营销工具基本正确可用。此时,市场营销和宣传工作也在同步进行。

·发布阶段:当产品达到发布条件时,市场营销团队需形成完整的营销资料包,以支撑产品的上市销售。

(2)三个评审点

·MR1:重点关注细分市场的营销策略,包括总体策略、需求确认、竞争分析、盈利分析、上市策略和计划、营销资料和计划等,确认营销策略是否与目标细分市场相匹配。

·MR2:重点关注上市计划的执行进展,包括目标细分市场衔接、培训进展、营销资料撰写进展、定价、产品配置工具、准入、品牌宣传进展等,确认营销活动是否按计划有序进行。

·MR3:重点关注全套营销活动的完成情况,包括上市活动质量评估、目标市场培训、产品定价、产品配置工具开发、准入认证、品牌宣传等活动的完成情况,确认是否为产品上市做好了充分准备。

2.1.3　MPP流程在华为消费者业务中的应用

众所周知，华为早期是一个非常典型的To B[①]公司。在2011年成立消费者业务单元（BG）后，终端业务由运营商市场向公开市场转型，To C业务才蒸蒸日上。MPP流程是针对To B业务的，那么它可以支撑华为终端业务，例如手机的开发及上市吗？答案是肯定的。早在2003年7月，华为就成立了手机业务部，任正非决定同时进入个人手持式电话系统（PHS[②]）——小灵通手机和手机市场。在3G时代，华为本来只打算踏踏实实做3G系统，但担心没有配套的手机产品，华为的3G系统就卖不出去，于是便开始给运营商定制3G手机。从2003年至2010年，华为做手机基本上是为了给自家的主航道业务保驾护航。

2003年开始，华为也同时启动了手机芯片的研发。华为手机的客户主要是全球各大运营商。图2-9是2009年与2010年的华为终端公司战略，从中可知华为终端的发展方向为构建以运营商为核心的行业生态圈，携手众多**合作伙伴**，提供端到端的解决方案和服务，实现我们与客户、合作伙伴的多赢；通过**产品定制**和增加产品的附加功能，华为为运营商提供质量好、价格优、服务好的产品，帮助运营商降低运营成本并快速

---

① To B：To Business 的缩写，意为面向企业客户。
② PHS：Personal Handy-phone System 的缩写，意为个人手持式电话系统，是指一种无线本地电话技术，采用微蜂窝通信技术。PHS技术实际上是数字移动通信技术，属于第二代的通信技术。

发展用户；致力于协助运营商满足用户对多样化终端的需求，**为运营商带来潜在的业务增长**。而且在手机业务方面，华为已经自我定位：作为手机定制专家，华为已成为 WCDMA[①] 手机 ODM[②] 主流厂商。基于此战略目标，华为终端业务的产品虽是 To C 的，但实际的运作方式还是 To B 的，即面向运营商的业务。

```
┌─────────────────────────────────────────────────┐
│              丰富人们的沟通和生活                 │
└─────────────────────────────────────────────────┘
┌─────────────────────────────────────────────────┐
│  改善客户收益（ARPU）提升带宽（Bandwidth）       │
│            竞争力降低客户 TCO(Cost)              │
└─────────────────────────────────────────────────┘
┌──────────────┐  ┌──────────────┐  ┌──────────────┐
│   电信网络   │  │   全球服务   │  │     终端     │
│   全IP融合   │  │     协同     │  │     伙伴     │
│   业务支持   │  │     快速     │  │     定制     │
│     敏捷     │  │     专业     │  │     价值     │
└──────────────┘  └──────────────┘  └──────────────┘
┌─────────────────────────────────────────────────┐
│        基于客户需求持续创新、合作共赢             │
└─────────────────────────────────────────────────┘
```

图 2-9　2009—2010 年华为终端公司战略

"伙伴、定制、价值"：聚焦运营商转售市场，满足运营商的需求，为客户定制更好的手机服务，围绕提升客户价值进行持续创新，华为也是基于此展开相应的工作。因此，**华为终端业务实际还是 To B-To C 的业务**，是直接面向运营商的

[①] WCDMA：Wideband Code Division Multiple Access 的缩写，意为宽带码分多址，是一种第三代无线通信技术。
[②] ODM：Original Design Manufacturer 的缩写，意为原始设计制造商。

业务，然后协助运营商针对消费者开展相应的营销活动，如促销活动策划、产品 KV① 设计等。

由此可见，**华为 IPD 体系的 MPP 流程在终端公司依然适用**，可以指导手机等产品的上市及全生命周期管理。

- 市场理解与产品定位

通过 MPP 流程，华为首先确保手机产品是市场所需的。这包括对市场目标与环境、客户需求、竞争分析和产品定位的深入理解。这有助于华为确定手机产品的目标市场和客户群体，以及如何在竞争激烈的市场中突出其产品的独特价值。

- 业务盈利计划

MPP 流程还涉及管理业务盈利计划，包括定价策略、销量和收入预测。对于手机产品而言，这意味着华为需要预测市场需求、设定合理的价格点，并制定销售目标，以确保产品不仅能够满足市场的需求，而且能够实现盈利。

- 新产品上市计划

MPP 流程的核心交付件是《营销计划》，其中包括制订和落实新产品上市计划。对于手机产品，这涉及上市策略和节奏、营销资料的准备、培训、营销宣传和产品的正式发布。这些活动确保华为手机产品能够顺利上市，并迅速获得市场的关注和接受。

---

① KV：Key Vision 的缩写，意为主视觉。

- 生命周期管理

MPP 流程与生命周期管理紧密相关，包括产品从开发阶段到退市的全生命周期管理。华为通过 MPP 流程确保手机产品在其生命周期的每个阶段都能实现最佳的市场表现，包括产品更新换代、部件老化问题的处理、功能更新以及最终的退市计划。

- 跨部门协作

MPP 流程强调跨部门团队的协作，确保从市场调研、产品开发到销售和售后服务的每个环节都能紧密配合，形成端到端的闭环管理。这对于手机产品来说尤为重要，因为它需要研发、营销、销售和服务等多个部门的协同工作，以确保产品的成功。

- 绩效监控与改进

通过 MPP 流程，华为对手机产品的市场、生产和服务绩效进行例行监控，并进行差距和机会分析，制定改进措施并推动相关部门落实。这有助于华为持续优化其手机产品的市场表现和客户满意度。

基于 MPP 流程运作的手机

华为 P1 于 2012 年 4 月 18 日发布上市，华为 Mate 1 于 2013 年 1 月上市。这是华为终端业务转型后两个比较有代表性的自有品牌手机，旨在冲击高端市场。愿望是美好的，但市场的反馈给华为上了深刻的一课。

由 To B 向 To C 转型实属不易。华为手机部门的很多人都是从其他业务部门抽调过来的，他们擅长电信产品开发，是某个领域的专家，但他们却不知道如何与消费者打交道，如何与渠道打交道，如何与媒体打交道，而这些也是 MPP 流程中原本缺失的地方。刚开始的时候，按照电信设备的玩法，简单粗暴地去跟其他竞品比拼产品性能，仿佛配置就等于市场。（华为在 IPD 推进的时候就发现，研发体系的大多数工程师有非常严重的技术情结，认为把技术做好才能体现自己的价值。为此，任正非多次强调产品研发要反对技术导向，要以客户需求为导向，要做工程商人。因此，面向消费者的思维转变也有一个过程，不是一蹴而就的。）

产品设计：为了体现华为的追求，华为把 P1 定位为全球最薄的手机。围绕"薄"这一理念，做了很多工作，选最薄的屏、全新设计电池和手机架构。然而，由于设计得太薄，因此天线性能无法达到要求。于是想了很多办法，但都不能有效提升天线性能，最后只得把手机尾部做厚以容纳天线。同时，P1 也主打"最快的双核手机"卖点，乐观地估计手机的配置、功能都是业界最好的，消费者肯定会接受这款产品。

产品广告：在中央电视台播放了"智者和白马"的广告，但消费者直呼看不懂：一匹白马和一位古希腊老者对视，然后各自开始相向奔跑，最后人与马碰撞在一起。在一阵电光石火之后，弹出广告文字——华为 P1 用智慧演绎至美。随后切换画面，出现华为打出的 Slogan[①]：华为不仅仅是世界 500 强。这

---

① Slogan 的意思是口号、广告语。

是华为史上第一次做广告,也是华为的第一支手机广告。

产品定价:P1 的零售价为 2999 元。华为初次进入公开市场,尚不清楚国内市场的游戏规则,在渠道管控上也存在问题,给渠道商预留的空间也不够,较其他品牌相差甚远。定价从 2999 元被渠道、竞争对手还有舆论牵着鼻子走,一下子降到了 2000 元以下。上市不到 2 个月,某网上商城发文"全球最薄安卓,华为 Ascend P1 暴跌 400",售价 2599 元。在淘宝网上,某些商家抛货价也已低于 2000 元。上市不到 3 个月时,华为方面已经在考虑是否对先期以 2999 元购买 Ascend P1 的用户给予一定的优惠补偿。

产品规划:Ascend D 系列的第一款产品 Ascend D1 发布时,P1 还处于销售期。传统渠道商认为,上架 D1 会影响 P1 的销售,因此拒绝 D1 进入市场。D1 产品陷入了只闻其声不见其影的尴尬状态,就连网上也鲜少见到。

P1 之后,华为手机就开始了 Mate 1 的研发。在洞察到超大屏幕、超长续航手机的市场空白后,李小龙带领产品团队启动了 6.1 英寸[①](约 15.5 厘米)大屏、长续航手机的开发。然而,Mate 1 却是所有旗舰中最失败的产品。原本计划做 80 多万台,但由于操盘运作的备货节奏没有把握好,剩下了 40 万台的物料。这些长期物料冲抵利润后,项目总体是亏损的,终端团队的信心也为此受到重创。但很快,终端团队重整心情,又开始投入 P2 和 Mate 2 的研发中。

---

① 1 英寸 =2.54 厘米。

华为意识到，如果想要做好手机业务，必须变革，要向业界标杆学习，引进先进的、符合消费品行业规律的管理方法。

2.2 向业界标杆学习，引入 GTM

2.2.1 向业界标杆学习引入 GTM 的背景

2010 年，苹果 iPhone 4 的上市带来了前所未有的抢购狂潮，消费者热情被充分调动起来；小米在线上的销售模式也产生轰动效应，"站在风口上，猪都能飞起来"。华为通过对行业发展趋势的研究，已清楚认识到手机将替代个人电脑成为信息中心。凭借手机的智能化、业务应用的云化、网络的宽带化，信息通信产业将从以网络为中心全面转变为以用户为中心，从面向终端设备的服务转变为以使用终端设备的人为中心的服务，使用户个性化得以充分展现。

市场的发展趋势已明晰，但随着华为终端业务不断拓展、规模持续上升，以及行业竞争的加剧，发展至 2010 年，华为终端已陷入瓶颈期，遭遇很大挑战。在原有的体系下，华为终端的业务受到了挤压和限制。例如，华为为运营商定制手机数千万台，市场占有率名列前茅，但由于没有打造华为品牌，华为在消费者心目中知名度不高；由于是为运营商定制，利润被压得极低；华为终端在公司内部话语权不足，内部协同力差；

华为手机不能接入华为云，令人不可思议……

在此背景下，华为认识到要对终端业务重新定位，要按消费品的规律来办事，发展华为的消费者业务。2010年12月3日，任正非召集华为核心高管召开了一次重要座谈会。这次会议的核心内容是决定华为手机业务的战略转型，从为运营商定制手机转向打造自主品牌和面向消费者市场。此次会议无疑是华为终端业务的一次重大转折点，也是它面向消费者业务的一次历史性转折会议——堪称是华为终端的"遵义会议"。会议最终确定的主题为：做事要霸气，做人要谦卑，要遵循消费品的规律，敢于追求最大的增长和胜利。在此次会议中，集团对终端业务重新进行了定位，包括华为内部手机终端公司的定位，以及在手机行业的定位，明确了华为手机终端公司在华为内部具有"三分天下"的重要战略地位，同时在树立品牌方向上，给之前缩手缩脚、受华为集团各种 To B 思维约束的手机终端公司松了绑——要勇于按消费品的规律办事，改变了华为过去不做品牌的策略。手机终端公司开始逐步投入大价钱进行品牌管理、研究消费者心理，同时进行产品规划，基于消费品行业的客观规律进行操作。正是基于这次会议，集团上下统一了思想，终端业务开始全面向公开市场转型，掀起了轰轰烈烈的 To C 业务变革。座谈会后不久，华为将旗下所有面向消费者的业务，如手机、其他终端设备、互联网以及芯片业务整合在一起，组成了消费者BG。

2011年10月，华为在海南三亚召开会议，提出"**面向高端、面向开放市场、面向消费者**"的三个核心战略，决定从

To B 业务模式向 To C 业务模式转型（图 2-10）。2011 年 12 月 15 日，华为 EMT 办公室（最高业务决策机构）通过了《关于华为终端发展战略的决议》，经任正非正式签发后，向华为集团内部各主要机构印发。决议对华为终端针对全球主要市场的未来发展战略、组织与人才、激励机制、解决方案与产品、销售模式、渠道与品牌等做了原则性阐述，明确了在三亚终端务虚会议上提出的"**华为终端产业竞争力的起点和终点，都是源自最终消费者**"的发展战略总纲。华为消费者业务在战略上明确了两点：（1）华为发展终端要追求盈利，必须以活下去为基础，不能仅追求规模和全球排名；（2）华为手机发展过程中的路标要**以最终消费者需求为导向，而不是以运营商需求为导向**。

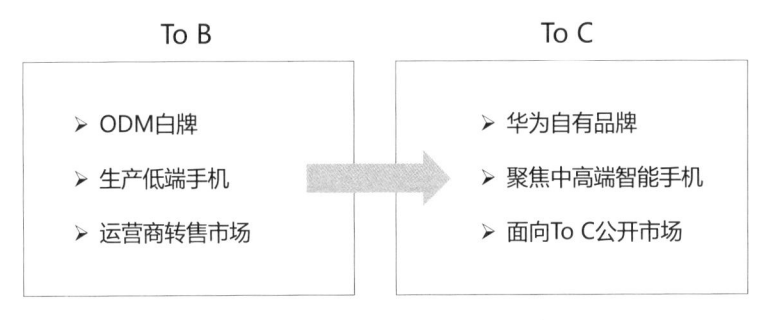

To B	To C
➢ ODM白牌 ➢ 生产低端手机 ➢ 运营商转售市场	➢ 华为自有品牌 ➢ 聚焦中高端智能手机 ➢ 面向 To C 公开市场

图 2-10　华为由 To B 向 To C 转型

但是当时转型之难，不是一般人可以想象的。多年 To B 定制低端机的经历，让华为部分人的信心不足，从余总 2012 年 5 月 5 日所发的微博上可见一斑："我和万飚原来一直坚持的意见是手机终端上继续叫华为名字，但在公司内品牌讨论会上,大伙几乎一边倒地都建议不要叫华为,大伙都说华为是B2B品牌,不利于面向最终消费者。看样子我们要被'赶出'华为名字家门了。长期搞运营商定制集采,被陷入低价形象中,担心品牌杀不出来。博友们的意见?"

虽然难,但余总想清楚了,无论如何一定要转型。2012年9月22日,余承东发表微博,阐明华为调整的几大战略方向:

- 从ODM白牌运营商定制向OEM华为自有品牌转型;
- 从低端向中高端智能终端提升;
- 放弃销量很大但不赚钱的低端功能机;
- 启用华为海思处理器和Balong芯片,并搭载Ascend D上市;
- 开启华为电商之路;
- 启动用户体验Emotion UI设计;
- 确立硬件世界第一之目标。

总结来说,为华为消费者To C的业务设定了**4个目标3做3不做**:

- 4个目标:硬件第一;中高端;自主品牌;全球化;
- 3做:芯片;软件;电商;
- 3不做:不做低端机;不做功能机;不做定制。

至此,华为终端拉开了向To C业务转型的序幕,**2012年也成为To C转型元年**。

To B模式和To C模式存在显著不同,即使发展到今天,同一家企业在To B领域和To C领域均取得成功的也是凤毛麟角。

华为终端业务在转型过程中同样遇到了不少挑战，详见表2-3。

表2-3 To B模式和To C模式的区别

区分		To B	To C
产品研发	目标客户不同	运营商或企业客户	消费者
	目标客户理解	深入了解企业客户的业务流程、行业规范、组织架构等，使产品融入企业的复杂业务体系中，满足其特定的生产、管理、运营、盈利等需求	个体消费者的普遍需求、消费心理、生活场景等。特别是作为消费品，消费者对功能、外观、体验、服务、便捷等需求
	产品复杂度	复杂且深度集成	功能相对聚焦、简单易用
	研发周期	研发周期相对较长	研发周期相对较短，需要快速响应市场变化，抓住市场机会
	……	……	……
产品上市	市场推广渠道	主要通过专业的行业展会、研讨会、企业拜访、定向营销活动等渠道进行推广	依赖大众媒体、社交媒体、线上应用商店、线下门店等多种渠道进行广泛推广
	品牌建设	注重专业声誉、行业口碑和技术实力的展示	强调品牌形象、情感共鸣和消费体验的营造。通过塑造独特的品牌个性、传递情感价值，吸引消费者与之建立情感联系
	销售模式	直销、代销或项目制销售等方式	零售模式，通过线上渠道或线下渠道直接触达消费者
	……	……	……

（续表）

区分		To B	To C
产品方面	产品定价	产品价格通常较高，产品复杂且研发成本高，产量较少	产品定价需要考虑因素较多，需考虑消费者对价格的接受程度以及产品组合的定价体系
	产品生命周期	生命周期较长	生命周期较短
	产品更新换代	更新换代频率低	更新换代频率高
	……	……	……

在 To B 的业务模式下，集成产品开发（IPD）、市场到线索（MTL[①]）、线索到付款（LTC[②]）、问题到解决（ITR[③]）等流程已经被视为金科玉律，并且在市场上确实是屡战屡胜。当时华为公司不少员工也认为，做 To C 业务用这一套成熟的方法再加上适当的适配即可，无需涉及业务流程的重大变革。于是，主导这一块业务的余承东从原来的运营商 BG 调来一批业务流程专家开始做流程适配，同时也参考三星、摩托罗拉、HTC 等公司的产品运作方式进行流程变革。就这样适配了一年左右，结果发现不是很理想。

---

① MTL：Market to Lead 的缩写，意为市场到线索。它是华为从市场洞察到生成销售线索端到端的流程。
② LTC：Lead to Cash 的缩写，意为线索到回款。它是华为从线索、销售、交付到回款端到端的流程。
③ ITR：Issue to Resolution 的缩写，意为问题到解决。它是华为面向所有客户从服务请求到解决端到端的流程。

To B 业务流程的适配与改良应用到消费者 BG 行不通，那么应该何去何从？通过调研分析，华为发现急需补齐的短板是对**消费品行业的认知，以及渠道、零售、品牌、市场营销（MKT）的能力，包括消费品操盘方法、分销客户管理、产品定价策略、线上线下门店运营管理等方法**。怎么办？向标杆学习，就如同当初 IPD 变革一样（1998 年时，华为根据 PACE 理论自主研发变革，折腾了几个月没什么效果，因此决定请 IBM 顾问帮助华为变革）。当时华为终端高层做了一个果敢的决策，从外部大批量引进原本就从事 To C 业务的专家，包括诺基亚、苹果、三星、戴尔等公司的专家。如前诺基亚的 Colin Giles（赵科林），出任华为消费者 BG 的 EVP（执行副总裁）职务，负责零售、公开渠道、全球市场营销等方面的业务，之后又重点负责包括美国在内的海外市场。赵科林曾带领诺基亚在大中华区取得不俗的战绩，经验丰富，在华为向公开市场转型的早期作出了较大贡献。还有前诺基亚高管 CK，参与了华为渠道、零售、GTM 等业务管理及流程的开发项目。引入的"明白人"还包括前三星的高管、摩托罗拉的高管等，他们都为华为向公开市场转型作出了贡献。通过快速学习业界的战法，华为在品牌形象与产品销量方面实现了明显的转变与提升。这些有深厚 To C 业务背景的专家的实战经验与华为深厚的流程管理方法、工具相结合，从而形成了华为面向 To C 的新的流程管理体系。

2012 年，华为向诺基亚学习，引入 GTM 体系。

2.2.2　GTM究竟是什么神秘组织?

华为公司的发展路径与诺基亚公司很相似，都是由To B发展成To B + To C模式的公司。在20世纪90年代，诺基亚作出了以移动通信为核心业务的决定，这一决策成就了诺基亚在全球移动通信领域的领导者地位。1992年，诺基亚推出全球首款商用全球移动通信系统（GSM[①]）移动电话101，成为手机直板设计的先行者。1994年，诺基亚接通中国第一个GSM电话，此后一路高歌猛进，于是有了从1996年直至2011年连续15年全球手机销量第一的佳绩。

GTM产生于诺基亚的背景

诺基亚作为电信设备制造商，全球的每个客户、每个运营商都有不同的需求以及面临不同的市场环境，几乎交付的每款产品和服务都是定制化的，以满足单一客户需求。因此，诺基亚有复杂的流程、内部细致的分工和庞大的组织与之对应，这也为其GTM体系的建立提供了良好基础。

"Go to market"（GTM）这个说法最早见于快消品行业，具体起源时间无从考证，但业内一般的看法是GTM实体组织产生于诺基亚，华为将之发扬光大。

诺基亚手机业务蓬勃发展，市场巨大的需求空间给了诺基亚腾飞的机会。一方面，这个行业属于增量市场，新购手机

---

① GSM：Global System for Mobile Communications的缩写，意为全球移动通信系统。

的消费者多，而且随着经济的发展，消费者对新技术的渴望日益增强，换机周期也越来越短，彼时手机已不再是耐用消费品，而是快速消费品了。为了贴近消费者以便更好地销售产品，诺基亚不仅模仿了快消品行业的 Go to market 模式，还从宝洁、可口可乐等公司招聘了大量营销管理人员，并引入咨询顾问进行赋能。这些行业专家的加入帮助诺基亚快速形成了新的能力和体系化的优势，提升了市场竞争力。快消品的经验（偏渠道、零售、市场端）与诺基亚自身深厚的耐用电子消费品的营销能力（偏产品端）快速融合，最终形成了诺基亚的 GTM 体系。

另外，GTM 的产生除了耐用消费品的营销模式和快消品的营销模式的整合外，其实还有一个背景，那就是产品已从单一的硬件转变成由衍生品配件、软件操作系统（OS[①]）、应用程序（APP[②]）等构成的复杂产品体系。在复杂产品的上市需求下，越来越需要有一个组织能够对内部各个部门，包括产品部门、技术平台（TP[③]）部门，也包括 OS 和 APP 以及服务配件等部门的面向消费者的统一开箱体验（TPO[④]）的上市过程进行拉通和对齐，做面向消费者的统一整合工作。因此，GTM 产生的根本原因是耐用消费品和快消品两个理念取长补短，再加之产品复杂化程度加深而应势产生的。

---

① OS：Operating System 的缩写，意为操作系统。
② APP：Application 的缩写，意为应用程序。
③ TP：Technical Platform 的缩写，意为技术平台。
④ TPO：Total Product Offering 的缩写，意为面向消费者的统一开箱体验。

GTM体系的主要内容包括进行市场动态和竞争分析，提出产品上市及销售过程中可能遇到的风险问题，并制定针对性的解决方案建议并推动落地。此外，GTM还涉及管理产品的S&OP（销售与运营计划）和一线销售计划，**是一种统筹推动产品上市的组织、流程和团队或岗位**。

诺基亚通过设立GTM策略、产品GTM和市场GTM三个方向的岗位，统筹推动产品上市。这些岗位负责品牌操盘、市场动态分析、产品生命周期管理等工作，确保产品能够触达目标人群并促成交易。GTM策略、产品GTM、市场GTM的定义及职责详见表2-4。

表2-4 GTM策略、产品GTM、市场GTM的定义及职责表

区分	定义	职责
GTM策略	GTM策略是产品组合战略的一部分，涉及产品的定位、定价、渠道选择、营销和销售策略等，旨在实现经营目标。它关注如何将一个成熟的产品通过合理的定位和定价策略推向市场，触达目标人群，并促成交易，实现经营效益的最大化	负责**整体产品组合战略**，包括定位、定价、渠道选择、营销和销售策略等
产品GTM	产品GTM是站在产品角度面向所有潜在市场的操盘手。其职责包括争取更多的销售和营销资源，帮助产品经理在公司内部争取支持，推动商业成功	关注产品的全生命周期管理，特别是**具体产品的市场推广**，包括市场分析、产品卖点挖掘、包装、促销规划、竞品分析等，帮助产品在市场上取得成功

（续表）

区分	定义	职责
市场 GTM	市场 GTM 是站在市场角度面向所有产品组合的操盘手。其职责是在限定的市场范围内，通过合理的产品组合和本地化的 GTM 策略实现销售任务	关注在特定市场范围内通过合理的产品组合和**本地化策略**实现销售任务

GTM 的角色认知

诺基亚第一个正式的 GTM 始于 2005 年。全球设有 GTM 总部，下属还有各个区域市场的 GTM 团队，团队成员来自公司各部门，如研发、物流、广告、公关、市场活动、渠道、零售等。诺基亚大中华区的 GTM 组织隶属于产品市场部，设有 Go to Market Manager 一职。GTM 就如同一名作曲家，将对生活的热爱谱写成一首首脍炙人口的曲子（即产品规划、产品路标）；GTM 又像是一位填词家，给已谱写好的曲子填上最符合意境的、精美的辞藻，形成一首完美的歌曲；如果我们把每个产品或者服务的推广过程看作是演奏这首优美的歌曲，那么 GTM 就是这首歌曲的指挥家，在他的指挥下，每件乐器的演奏者各司其职，在各自适合的时间发出不同强度的音符，合聚起来演绎出曼妙的音乐。如图 2-11 所示。

```
                    ┌─────────┐
                    │   GTM   │
                    └────┬────┘
         ┌───────────────┼───────────────┐
    产品规划师          产品经理          项目经理
    （作曲家）         （填词家）        （指挥家）
```

产品规划师的角色：通过市场洞察，进行产品定位，制定产品战略和产品路标。

产品经理的角色：进行目标定位、产品定位，做好货价管理。即定产品（产品策略），定价格（价格策略），定计划（要货预测），定节奏。就象填词家一样，在曲子所表达的意境下，填入精美的辞藻，形成完美歌曲。

项目经理的角色：进行项目管理，实现产品的优生优育。如果说产品规划、研发、营销、渠道、零售、服务、产品交付、合同商务、财经等各个模块是各种乐器的演奏家，那么GTM就是指挥家，大家合力完成一首歌曲。

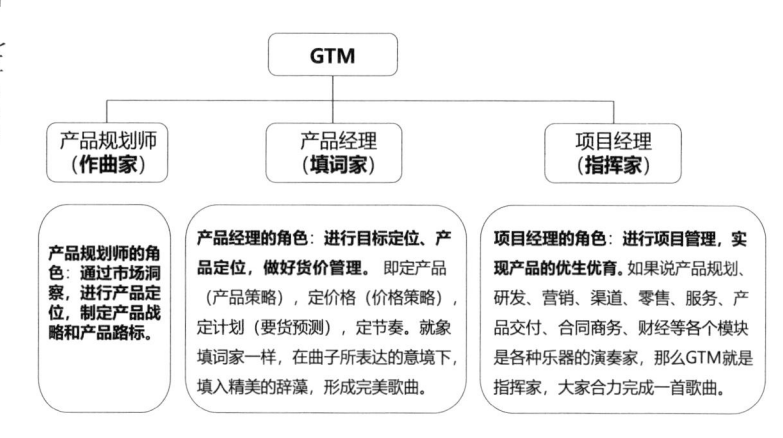

图 2-11　GTM 的角色认知

· 作曲家（产品规划师角色）：通过市场洞察，进行产品定位，制定产品战略和产品路标。

· 填词家（产品经理角色）：进行目标定位、产品定位，做好货价管理，即定产品（产品策略），定价格（价格策略），定计划（要货预测），定节奏等工作。

· 指挥家（项目经理角色）：进行项目管理，实现产品的优生优育。在 GTM 牵头带领下，产品规划、研发、营销、渠道、零售、服务、产品交付、合同商务、财经等各个业务领域协同共进，力出一孔，实现产品的商业成功。

诺基亚 GTM 所涉及的工作

· 诺基亚在全球范围内建立了强大的品牌影响力，并根据不同地区的特点进行本地化调整。例如，在中国市场，诺基亚推出了具有防尘键盘、防滑握把等特色的手机，以迎合当地消费者的需求。此外，诺基亚还针对印度农村市场推出了特别设计的手机，这些手机具备防尘、防滑等功能，以满足特定用户群体的需求。

· 诺基亚提供从低端到高端的广泛产品线，以适应不同市场的需求。在发展中国家或地区，诺基亚推出了价格低廉的手持设备，如在中国、印度和拉丁美洲市场上推出的经济型手机，这些设备不仅具有吸引力，而且具备盈利能力。而在欧洲和美国等竞争激烈的市场，诺基亚则推出了高端手机，配备高级功能和应用程序。

· 诺基亚在技术创新方面也表现出色。例如，为了满足不同运营商的需求，诺基亚开发了多种标准的手机，如在美国市场提供的 AMPS[①]/TDMA[②] 双模手机，在日本市场提供的半速 PDC[③] 数字手机。此外，诺基亚还与微软合作，将 Windows Phone 作为其主要的智能手机平台，并通过整合服务资产推动创新。

· 诺基亚根据地理区域、人口统计学特征、年龄段和消费者群体进行市场细分，并采用不同的定价策略。例如，尖端科技产品采用高配高价、利润导向的营销策略，随后再降价的方式；而经济型产品则采用渗透式定价策略。这种灵活的定价策略使诺基亚能够更好地适应不同市场的经济条件和消费者购

---

① AMPS：Advanced Mobile Phone System 的缩写，意为高级移动电话系统，是一种模拟蜂窝技术。
② TDMA：Time Division Multiple Access 的缩写，意为时分多址，一种数字通信技术。
③ PDC：Personal Digital Cellular 的缩写，意为个人数字蜂窝系统。

买力。

· 诺基亚的 GTM 团队在产品上市过程中扮演着至关重要的角色。他们不仅负责市场推广，还需确保将销售反馈的信息及时融入产品的定位中，并整合全公司的营销资源。例如，在中国市场的 N9 推广中，GTM 团队利用知名演员主演的微电影进行病毒营销，创造了平均 2 分钟售出一台的纪录。

以诺基亚 Lumia800 和 N9 上市为例看 GTM 的产品操盘

"2011 年 11 月 28 日夜晚，英国的泰晤士河边突然出现了一个高达 120 米的诺基亚 Lumia 800 手机：诺基亚将变幻的手机画面投射在伦敦旗舰建筑米尔班克大厦上，巨大的蝴蝶和令人难以置信的类似过山车一样的庞然大物以 4D 投影的形式从大楼里不断冒出来。戴着发光米奇帽子的加拿大著名 DJ Deadmau5 在楼底的荧光舞台上表演着他新创的电音单曲，激光变幻和快节奏的电子音乐交错在一起。此时泰晤士河两岸人头攒动，以至于伦敦警察不得不派人干预以维护秩序。"

这是摘自《第一财经周刊》张晶的文章《诺基亚 N9 背后操盘手》开篇的一段话，描述了诺基亚 Lumia 800 在英国上市时的壮观场景。阅读后感觉，诺基亚耍起酷来，比起时尚界有过之而无不及，即便此时诺基亚手机已面临危机。这可是 14 年前的一场大秀，即使放到现在，也是营销领域的大手笔。没错，这一幕的操盘手正是诺基亚 GTM 团队。产品开发团队的使命是创造出一款好产品，而 GTM 团队的使命则是精准击中消费者的心（需求），并让他们能够立即拥有（购买）。GTM团队要在产品定位之初就融入销售反馈，然后整合全公司的营销资源，融入总体方案中。这个由GTM监管的步入市场的流程，是驱动诺基亚营销机器运转的引擎。从产品定义到零售执行完毕，GTM需要监管和拉通制造、物流、市场、渠道、零售等各个环节。

刚才描述的是诺基亚手机在英国上市的情景，而在中国，诺基亚另一款TOP产品N9的上市同样精彩。N9最早于2008年在诺基亚秘密立项，计划两年之后发布。芬兰总部为这款产品定下的口号是"秀出你自己"。但中国GTM团队认为这个口号不太适合中国市场，于是与芬兰总部多次沟通后，中国区域的口号被改为"不跟随"（Unfollow）。此外，N9的本土应用程序，如微博等，与全球其他应用一起同步融入手机研发流程。这是GTM团队最重要的职能之一：让本土市场的需求在全球产品定义之初就融入产品雏形中，而不是等产品原型已经开发完毕再来本土化。除此之外，如何调用全球资源来配合本地的营销，也是他们要考虑的重要主题。

早在2011年7月，诺基亚已经安排了N9的预热，一组据说是"世界上最快的广告"就已经为N9的发布打了前站，它从YouTube一路流行到优酷网。其中有一段讲述的是一位出租车司机的忙碌生活。9秒内画面上依次掠过紧急刹车、换挡、啃汉堡、喝饮料、看街头足球、用N9浏览网页。在短短的一两秒钟里，N9完成了"进入浏览器""点开页面""展示图片"

这三个功能，比大多数智能手机都快——这也是 N9 要向用户表达的主题。

进入 11 月，GTM 团队越发忙碌起来。11 月 11 日北京工厂正式出货，13 日首批 N9 到达诺基亚上海南京东路全球旗舰店，当晚 8 点 15 分开始销售。这个时候黑胶电影风格的"不跟随"微电影预告片已经在网上预热一个多星期了，2 天后病毒营销正式开始，一天内在新浪微博转发超过 30 万次，并从不同网络渠道开始了全面推广。很快，首先供货的旗舰店和国美、苏宁等全国性渠道出现脱销。紧接着，另一位演员主演的"不跟随"微电影也开始了病毒营销以持续造势。与此同时，几乎所有主要的零售店已经挂上醒目的 N9 大幅宣传海报并开始供货。

由此可见，要调动这么多环节、这么多部门的共同配合与参与，才能把这场产品上市的仗打好。如果没有 GTM 团队的统筹安排及相应的流程控制，是很难达成上市即上量、首销即热销的结果的。

2.2.3　华为 GTM 流程

华为结合业界优秀实践，将原全球销售服务部下属的产品操盘组织"产品行销部"改为"GTM"部，承接相应的 GTM 职能，同时也增设了渠道管理部、零售管理部等部门。

这标志着公司由"Sell in"导向转变为"Sell out"导向。这不仅是简单的转变,更意味着公司从批发思维向零售思维的转变,由 To B 的客户思维向 To C 的以消费者为中心的转变。这种转变改变了公司的业务运作模式以及组织架构,按照消费品行业的规律进行了重新设计,如图 2-12 所示。

原全球销售服务组织架构

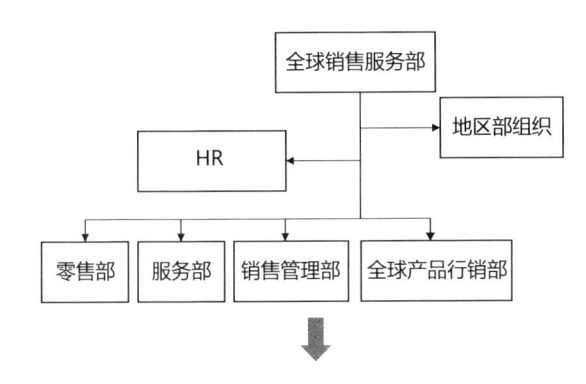

```
            全球销售服务部
                 │
         ┌───────┼───────→ 地区部组织
         │       
         HR
         │
    ┌────┬────┬────┐
  零售部 服务部 销售管理部 全球产品行销部
```

↓

变革后的全球销售服务组织架构

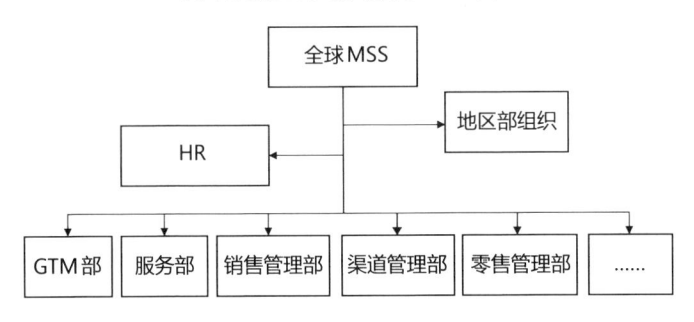

```
             全球MSS
               │
         ┌─────┼─────→ 地区部组织
         │
         HR
         │
  ┌────┬────┬────┬────┬────┬────┐
GTM部 服务部 销售管理部 渠道管理部 零售管理部 ……
```

图 2-12 To B 向 To C 变革后的全球销售服务组织架构

从 Sell in 到 Sell through,再到 Sell out,这是产品从生产企业经过中间渠道最终到达消费者手中的全过程。只有端到端地实现产品全过程管理，才算做好了 To C 业务的基础工作。

·Sell in（由企业到分销商）：即进货。指的是制造商或供应商将产品销售给分销商、批发商或零售商的过程。简而言之，就是产品从生产者流向销售渠道的过程。在这个阶段，产品还未到达最终消费者手中，而是进入了销售渠道。华为之前的手机销售模式主要以供货给运营商为主，向下分销的业务则由运营商负责。

·Sell through（由分销商到零售商）：意为"流通"。指的是产品通过分销商、批发商等中间环节到达零售商的过程。

·Sell out（由零售商到消费者）：即卖出、零售。指的是零售商将产品销售给消费者的过程。

华为在向 To C 转型时，一度只关注了 Sell in 和 Sell out 环节，对中间的流通环节重视不够，也因此遇到了不少问题。为了实现对渠道客户和零售客户的精细化管理，厂家对 Sell through 环节的掌控是必不可少的。

GTM 相关岗位的职责示意

1. GTM 策略岗位

- 制定整体策略规划

作为产品组合战略的一部分，负责制定产品的整体市场策略。包括确定产品的市场定位、目标客户群体，并依据市场情况和产品特点制定合理的定价策略。例如，对于一款新推出的中高端智能手机，需分析同价位段竞品的价格、功能、品牌影响力等因素，以确定该产品的价格区间，实现差异化竞争。

- 规划营销与促销活动

设计产品的营销推广策略,包括选择营销渠道、制订促销计划、规划市场推广活动等,以提升产品的知名度和市场占有率。比如,针对特定产品制定线上线下相结合的营销活动,线上通过社交媒体广告、电商平台推广等方式宣传,线下则举办新品发布会、体验活动等。

- 统筹各环节协同

协同产品研发、生产、销售、售后等各环节,确保 GTM 策略的顺利实施。例如,在产品研发阶段,需与研发团队沟通,确保产品功能和特性符合市场需求;产品上市后,要与销售团队紧密合作,及时收集市场反馈,以便调整和优化策略。

2. 产品 GTM 岗位

- 产品上市推动

产品实现后,负责推动产品上市。这包括与公司内部各部门(如研发、市场、销售、售后等)沟通协调,确保产品按时、高质量上市。例如,产品上市前,需与研发部门确认产品技术参数、质量标准等是否符合要求,与市场部门确定宣传推广方案,与销售部门沟通销售渠道和销售策略等。

- 争取销售与营销资源

协助产品经理在公司内争取更多销售和营销资源,以支持产品推广和销售。比如,争取更多市场推广预算、更好的销售渠道资源、更多销售人员支持等,从而提高产品销售业绩。

• 产品销售监控与分析

监控和分析产品销售情况,及时了解市场表现和销售趋势。根据分析结果,提出产品改进建议和营销策略调整方案,以提升产品市场竞争力和销售业绩。例如,通过分析产品销售数据,发现某地区销售情况不理想,就需分析原因,是产品定位不适合该地区市场,还是营销推广不到位,然后针对性提出解决方案。

3. 市场 GTM 岗位

• 市场规划与目标设定

针对特定市场范围(如区域市场、细分市场等),进行市场规划,确定市场目标和销售任务。例如,对于华为手机在欧洲市场的推广,市场 GTM 岗位需根据欧洲市场特点和需求,制订相应的市场推广计划和销售目标。

• 产品组合管理

根据市场需求和公司产品策略,对特定市场范围内的产品组合进行管理和优化。包括确定哪些产品适合该市场、如何进行产品搭配销售、如何根据市场反馈调整产品组合等。比如,在某个新兴市场,消费者对智能手机拍照功能和价格较关注,市场 GTM 岗位就需根据这一需求,选择公司旗下拍照功能强、价格适中的产品进行重点推广,并根据市场反馈及时调整产品组合。

• 本地化策略实施

结合当地市场特点和文化差异,制定本地化 GTM 策略。包括本地化营销推广活动、本地化产品定制、本地化售后服务等。例如，在印度市场，华为需根据当地消费者使用习惯和文化特点，对手机软件界面、功能设置等进行本地化优化，同时开展符合当地文化的营销活动，以提高产品市场认可度和销售业绩。

以上 GTM 的工作职责和方向在不同行业、不同企业中均有所不同，可能归属于产品中心，也可能归属于市场中心，有的企业还将其纳入销售团队的职责范围。这需要根据行业特点、企业规模、产品属性等因素进行个性化设置，不必拘泥于固定形式。**GTM 的工作本质是围绕着产品本身，从产品的市场机会点生成到生命周期结束的全流程的产品操盘管理。**只要能实现这一目标，一个岗位承担多个不同角色是完全可行的。

华为消费者 BG GTM 流程

图 2-13 是华为 GTM 流程示意图，展示了从产品规划到产品退市的全生命周期中，"管理上市产品支持""管理上市管道""管理价格""管理上市营销""管理上市运营"等模块的主要工作内容及执行阶段（从开始到结束）。GTM 流程与 IPD 流程分别代表市场端和产品端，通过图 2-14 所示的 TR 点及 MR 点进行互锁，以确保项目顺利展开。

在 GTM 流程中，MR1、MR2、MR3、MR4 是几个关键的评审节点，它们在产品从规划到推向市场的不同阶段发挥着重要作用。相较之前 MPP 流程中的 MR1、MR2、MR3 评审节点，GTM 流程将 MPP 流程中开发阶段的 MR2 评审点拆分为两个评审点（见图 2-14 中的 GTM 流程 MR2、MR3）。GTM 流程中各评审点的具体解释如下：

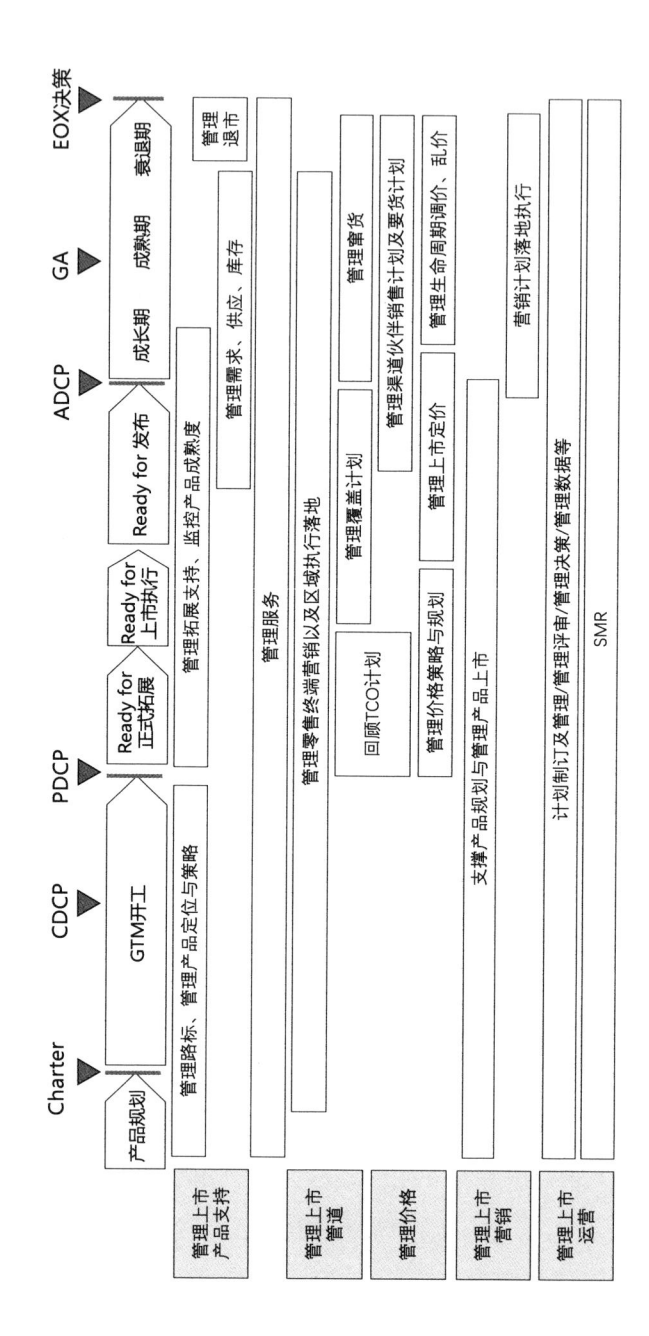

图 2-13 融合 MPP 流程 +GTM 操盘动作的 GTM 流程示意图

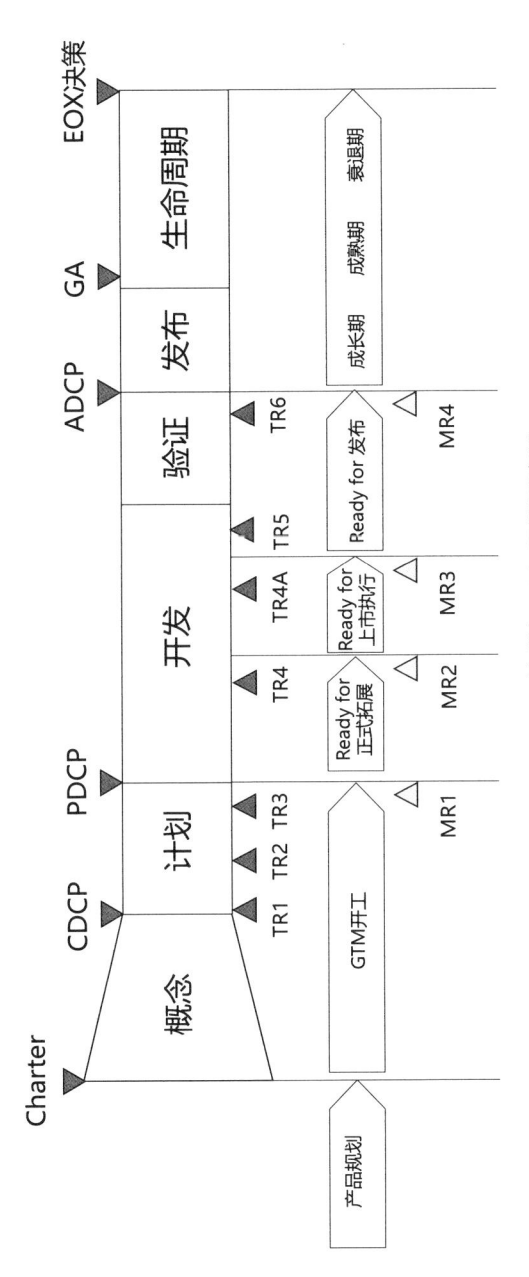

图 2-14 GTM 流程与 IPD 互锁示意图

MR1 阶段

这是产品走向市场流程中的第一个重要评审阶段。在这个阶段,重点在于明确基于市场洞察所形成的初步营销需求。通常会涉及对市场趋势、客户需求、竞争对手动态等多方面的深入分析,从而提炼出产品需要具备的关键特性、功能以及市场定位等,为后续产品规划奠定基础。

示例:华为计划推出一款新的智能手机,在 MR1 阶段,市场团队通过调研发现消费者对手机续航能力、拍照画质以及 5G 网络适配性有较高期望,同时市场上竞品在这些方面也各有表现。基于这些信息,团队会形成初步的营销需求,要求产品研发团队在后续规划中重点考虑提升手机续航、优化拍照算法以及确保良好的 5G 网络体验等方面的内容。

MR2 阶段

MR2 阶段是在 MR1 基础上进一步深化和细化的评审阶段。此时,基于已经初步确定的营销需求,会进一步明确产品的详细规格、功能细节以及各项技术指标等内容,使其更加贴合市场实际需求和公司的产品策略。同时,还会开始涉及对产品成本的初步估算,并与各相关部门(如研发、采购等)就产品实现的可行性进行探讨。

示例:在 MR2 阶段,会根据 MR1 提出的提升续航要求,具体明确电池容量要达到多少毫安时、采用何种快充技术等;对于拍照画质提升,会详细规定摄像头的像素、传感器型号、影像处理芯片的性能指标等。并且会初步估算采用这些配置可能带来的成本增加，与研发和采购部门沟通是否能够在预算范围内实现这些功能和指标。

MR3 阶段

MR3 评审主要聚焦于产品的可交付状态。在这个阶段，产品已经经过了一定阶段的研发和测试，基本上具备了推向市场的条件。此时要对产品的实际性能、功能完整性、质量稳定性等方面进行全面评估，判断是否真正满足了之前所设定的营销需求。同时，还会对产品的包装、说明书等附属材料进行审核，确保整体产品的呈现符合市场预期。

示例：对于那款智能手机，在 MR3 阶段，会对手机的实际续航测试结果、拍照效果实测、5G 网络连接稳定性等实际性能指标进行评估，看是否达到了 MR2 阶段所设定的各项标准。并且会检查手机包装盒的设计、说明书的内容是否清晰准确且能有效传达产品信息，确保产品以一个完整且优质的状态准备推向市场。

MR4 阶段

MR4 阶段是产品正式推向市场前的最后一道评审关卡。在这个阶段，主要是对产品的市场推广方案、销售策略、售后服务准备等市场相关的配套措施进行全面审查。确保产品不仅自身质量性能达标，而且有完善的市场推广和销售服务体系来保障其在市场上的顺利推广和良好运营。

示例：在 MR4 阶段，会审查针对该手机制定的线上线下宣传推广方案是否合理有效，比如广告投放渠道是否精准、新品发布会的安排是否得当等；会审核销售策略，如定价策略是否合适、销售渠道是否畅通等；还会检查售后服务准备情况，比如维修网点是否覆盖到位、客服人员是否培训合格等。以确保产品能够顺利走向市场并取得良好的市场效果。

2.2.4 华为 GTM 应用案例

2013 年 6 月 18 日发布上市的 P6 和 2014 年 9 月 5 日发布的 Mate 7 是华为应用 GTM 流程操作较成功、较有代表性的手机。全生命周期内，P6 系列销售达到 400 多万台，而 Mate 7 系列则达到 700 多万台。

P6：第一款"找到感觉"的产品

2013 年 6 月 18 日，华为在英国伦敦圆屋剧场举行了华为旗舰智能手机 Ascend P6 的全球发布会，以"美，是一种态度"为 Slogan，让大众第一次感受到华为在做消费品方面有点儿找到感觉了。这是华为由运营商市场向公开市场转型、由低端机向高端机转型过程中第一款"找到感觉"的成功产品。从 P6 开始，华为从卖技术转向卖艺术，开始用美代替工业参数，主打美的体验，与消费者建立价值认同感和情感共鸣。

在 P6 发布会前，从 5 月初开始，网络上就不断有华为 P6 的产品和上市信息被曝光，包括工信部的审批资料、各种渠道流出的产品谍照等，引发了媒体和网友的广泛关注与讨论，其关注度甚至超越了当时炙手可热的竞品新品（发布前期的预热成功引发了期待）。

P6 有明确的产品定位与目标客户：定位中高端市场，对准中高端消费群体。目标客户主要定位为年轻的高收入时尚人群。这部分人群具有较强的消费能力，对新事物的接受度高，注重手机的外观设计、拍照功能以及品牌所带来的身份认同感。因此，华为在产品设计上紧贴目标群体的需求：P6 以 6.18mm 的极致纤薄机身成为当时全球最薄的智能手机，同时采用全金属机身，搭配金属拉丝和喷砂工艺，底部弧度过渡自然，美弧工艺设计是一大亮点，整机外观优雅而灵动。通过这样时尚的外观设计，加之出色的拍照功能以及优秀的屏幕显示等特点，P6 受到了消费者的关注和喜爱，同时也展示了华为在技术研发和产品设计方面的实力。

在定价策略上，P6 在国内的价格相比国外价格低近 1000 元，这种差异化定价策略打破了人们的认知（通常认为手机产品国内零售价格要高于国外的零售价格），体现了华为对国内市场的重视，给消费者带来了实惠；同时也提升了产品的竞争力和市场份额。

渠道布局：全渠道布局，线上线下同时销售，加大覆盖范围。

营销传播：2013 年，华为提出了"Make it Possible"（以行践言）的全新品牌理念。华为 P6 的相关营销活动紧密围绕这一理念展开，向消费者传递华为不断创新、追求卓越的品牌精神。同时，余承东等华为终端高管纷纷开通实名微博，通过微博与消费者进行互动和沟通,分享关于手机的意见与看法,增强了消费者对华为品牌的认同感和亲近感。

以 Mate 7 为例的 GTM 操盘

·市场调研:前两代的 Mate 1 和 Mate 2 手机虽然不成功,但是却收获了喜欢大屏、长续航的第一批 Mate 粉丝。同时,华为通过实践及进一步的市场调研,发现高端用户对大屏幕、高性能和长续航的需求仍是主流。

·市场细分:通过对种子人群的用户画像分析,发现这部分人群多数是职场精英,事业上小有成就,但事业家庭并重,压力大。手机作为生产工具被他们重度依赖,大屏幕、长续航非常符合这部分用户的需求。因此,将目标市场定位于高端商务用户,特别是对性能和续航有较高要求的用户。

·客户需求管理:通过用户反馈和竞品分析,确定了大屏幕、高性能处理器、大容量电池和指纹识别等功能需求。

·价值主张:爵士人生。

·产品设计:采用航空级金属铝材全金属紧凑机身,业界 83% 超高的屏占比,2.9 毫米的超窄边框设计配合 6.8 毫米的超薄机身厚度;双卡双 4G、业界首款负向液晶超视网膜屏幕、超 8 核处理器、业界领先的按压指纹识别技术;支持全球最快网速的 LTE Cat6、率先搭载 EMUI3.0 等。

·产品定价:国内采用亲民价格策略,国内销售价格比国外价格低近千元,在市场中相对苹果和三星而言,竞争力相当强悍。

·市场策略制定：通过对营销环境分析、消费者人群分析以及竞品分析，将华为 Mate 7 定位为高端商务手机，强调其高性能、长续航和安全性。

·公关传播定位：比竞品更好的大屏手机；超 8 核 4G 旗舰大屏智能手机。

·市场推广节奏和计划：预热期做足概念、发布期讲透产品、热销期演化价值主张。通过电视、网络、户外广告等多种方式进行广告宣传，举办新品发布会，邀请科技、数码及财经等媒体和意见领袖参与，提高产品的市场知名度。多维度捕捉目标人群，借鉴竞品的营销渠道，通过占领机场航站楼等高端场所，锁定高端人群并营造高端氛围。

·市场反馈和持续改进：通过用户反馈和数据分析，不断改进产品设计和功能，确保产品的持续竞争力。

将 HUAWEI P6 和 Mate 7 的操盘与之前 HUAWEI P1 的操盘对比可知，在产品操盘的能力上，华为有了不止一个数量级的提升。这就是学习的力量、产品操盘的力量。

2.3　大零售业务流程架构 Retail v1.0

在 2.2.1 "向业界标杆学习引入 GTM 的背景" 一节中提到，集成产品开发（IPD）、市场到线索（MTL）、线索到付款（LTC）、问题到解决（ITR）等流程，通过相应的适配，应用到 To C 业务场景中。适配了一年左右时间，发现结果不是很理想。主要原因是 To B 业务和 To C 业务的销售运作模式在逻辑和业务流上有很大不同，尤其是销售流程的主路径存在差异：To C 模式下销售流程路径是 SP&O[①]+MPR[②]，而 To B 模式下销售流程路径是 LTC，如图 2-15 所示。

To C 业务模式是基于产品推动的，而传统的 To B 模式是客户拉动的；面向消费者业务的核心业务逻辑以规划运营过程为主，而面向企业客户业务则以交易过程为主。这种差异导致了 To C 业务的指导流程不能照搬已经成熟的 To B 业务流程。

战略决定业务，业务决定流程，流程决定组织，组织决定成败。公司战略已经为消费者 BG 指明了前进的方向。为了指导 To C 业务的开展和向公开市场转型，需要遵循消费品业务的发展规律，梳理渠道和零售业务，然后形成业务流程，最终形成组织能力以打胜仗。

2013 年，在项目组成员、业界专家及咨询公司顾问的共同努力下，输出了消费品业务场景下的渠道和零售业务框架，如图 2-16 所示。

---

① SP&O：Sales Planning and Operation 的缩写，意为销售规划与运营。
② MPR：Manage Partner Relationships 的缩写，意为合作伙伴关系管理。

第 2 章 解密：产品操盘流程 IPMS 的前世今生

To C 模式 | **传统的 To B 模式**

核心业务逻辑

规划、运营过程为主 | 交易过程为主

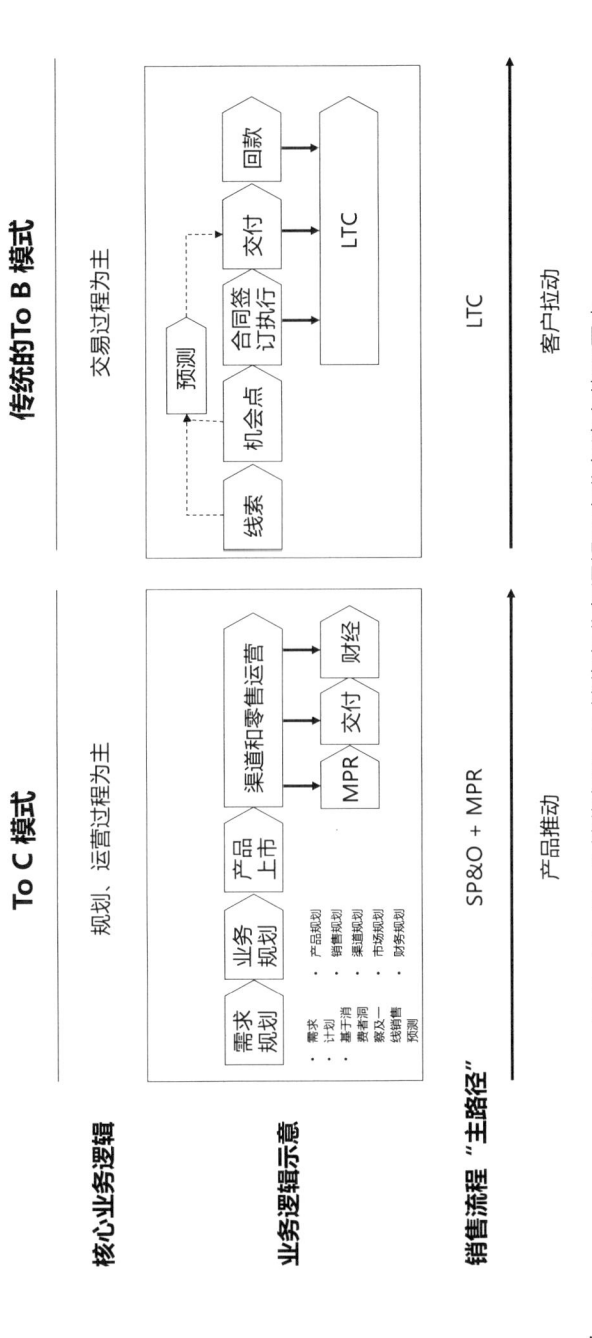

业务逻辑示意

To C 模式：需求规划 → 业务规划 → 产品上市 → 渠道和零售运营 → MPR / 交付 / 财经

- 需求规划：
  - 需求计划
  - 基于消费者洞察又一线销售预测
- 业务规划：
  - 产品规划
  - 销售规划
  - 渠道规划
  - 市场规划
  - 财务规划

传统的 To B 模式：线索 → 机会点 → 合同签订执行 → 交付 → 回款（预测反馈至机会点、合同签订执行）

LTC

销售流程"主路径"

SP&O + MPR | LTC

产品推动 | 客户拉动

图 2-15 To C 销售与 To B 销售在业务逻辑及主业务流上的不同点

· 79 ·

爆品操盘 GTM

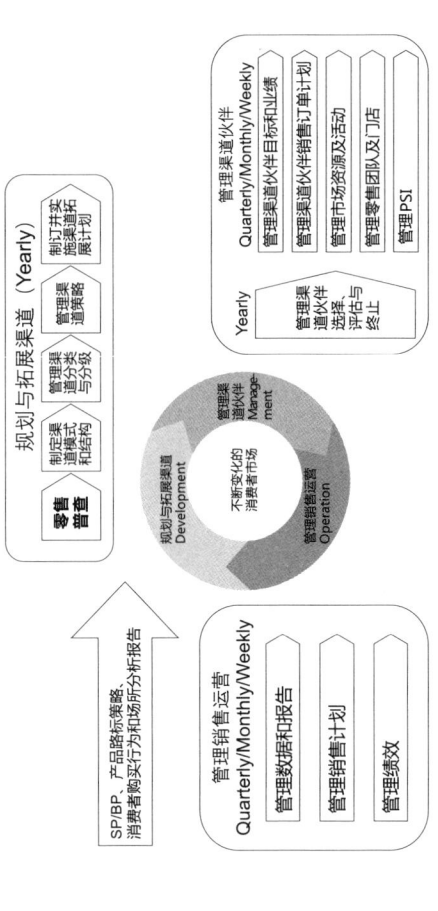

图 2-16 ToC 消费品业务场景渠道和零售业务框架

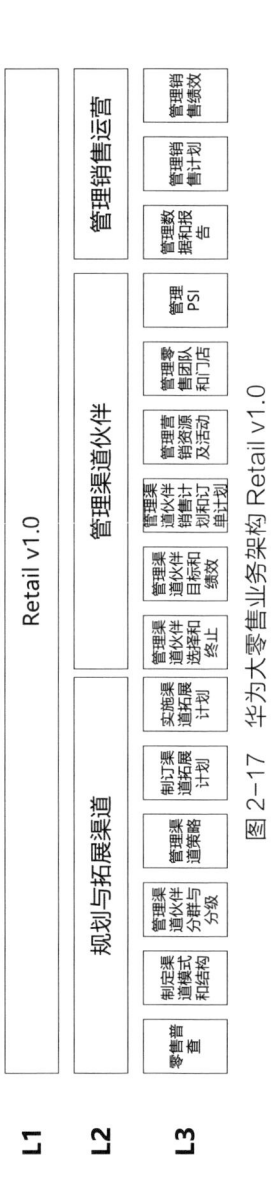

图 2-17 华为大零售业务架构 Retail v1.0

营销的核心在于激起消费者购买产品的欲望，而渠道与零售业务则侧重于将这种欲望转化为消费者的实际购买行为。二者相辅相成，共同推动产品走向消费者。渠道和零售主要以实现产品销售、变现为目的，那么，就要考虑解决"在哪里销售、谁去销售、如何保障销售顺利开展"的问题。针对这三个问题，自然而然得出的结论就是：渠道、客户、运营保障。

因此，图2-17所示内容可以用一句话概括："**承接公司SP、BP以及产品路标策略，通过对消费者购买行为和场景的分析研究，做好规划和拓展渠道，管理好渠道伙伴，管理好销售运营工作，做好产品的销售工作；同时，围绕不断变化的消费者市场，做好业务执行和复盘，不断推动业务能力的提升和进步。**"

根据渠道和零售业务框架，形成华为大零售业务架构Retail v1.0，用于指导相关部门按此流程开展渠道和零售业务。

1. 规划和拓展渠道

·零售普查：在MPP流程中提到，流程的起点重要的一环就是市场洞察。华为BLM[①]模型中战略制定也始于市场洞察。就如同打仗，先由侦察兵进行侦察，掌握战场全面信息后再制订作战计划，这样胜算才能大。同样，在进行渠道规划与拓展时，在开展渠道和零售管理之前，首先要进行零售普查，正所谓知己知彼，百战不殆。根据零售普查的结果，可以制作渠道地图、零售地图等，用于指导渠道和零售阵地建设、规划相应的资源投资。

---

① BLM：Business Leadership Model的缩写，意为业务领导力模型。

零售普查的步骤为：明确普查项目、设计普查内容、执行普查、分析普查数据、确定后续跟进方案。

· 根据普查后的渠道和零售相关信息和数据，可以**制定渠道模式和结构**；代理商、分销商、零售商等客户需要按照分类分级的规则进行管理（**制定渠道分类分级**），针对不同的客户制定相应的政策（**管理渠道策略**），之后可以制订渠道拓展计划并实施（**制订并实施渠道拓展计划**）。

2. 管理渠道伙伴

· 这个模块涉及对渠道伙伴（代理商、分销商、零售商）的准入、评估和终止的管理。为什么称之为"渠道伙伴"而不是"渠道客户"呢？这是因为企业强调与客户建立一种长期的、互利共赢的合作关系，而不仅仅是简单的买卖关系。就像团队一样，是一个整体，共同致力于产品的推广和销售，双方资源共享，共同承担风险。这是华为"以客户为中心"价值观的体现。有付出就有回报，自 2019 年开始，虽然华为消费者 BG 的业务由于众所周知的原因经历了几年艰难的时刻，但是渠道和零售伙伴没有放弃华为，始终与华为站在一起；华为也给予渠道和零售伙伴必要的支持。就这样，华为的零售阵地仍然坚守在祖国的大地上，这也是 2022 年华为 Mate 50（4G）手机上市后能够立刻重新打开市场局面的重要原因之一。华为通过管理目标、产品进销存管理（PSI[①]）、销售达成、资源投入以及终端零售门店等活动，实现与渠道伙伴的共赢。

---

① PSI：Purchase, Sales and Inventory 的缩写，意为产品进销存管理。

3. 管理销售运营

· 通过管理好销售计划、相应的数据和报告以及绩效管理，及时反馈、及时修正，为渠道和零售业务保驾护航。

· 基于图 2-17 所示的架构，需要构建"规划与拓展渠道"的能力、"管理渠道伙伴"的能力以及"管理销售运营"的能力。因此，相应调整组织，新设、拆分部门，形成新的全球营销服组织体系 MSS[①]，如图 2-18 所示。

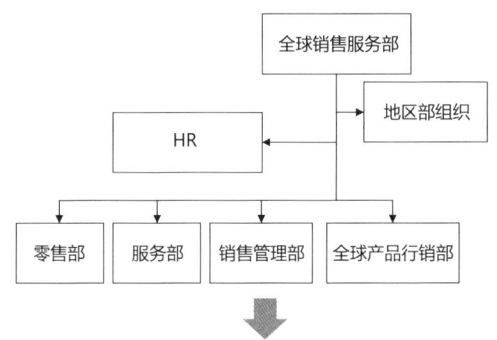

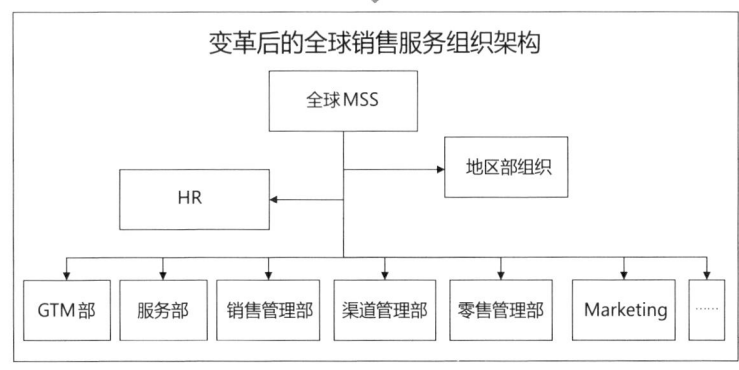

图 2-18 华为全球营销服 MSS 组织架构

---

① MSS：Marketing、Sales & Service 的缩写，意为 Marketing 与销售服务部。

此时，形成以 GTM 流程 + 大零售业务流程架构 Retail v1.0 的 To C 产品营销操盘体系。

2.4 GTM 流程结合 Retail v1.0 形成 Retail v2.0

2.4.1 GTM 流程迭代升级的背景和方向

背景

根据 IDC[①] 发布的数据，2011 年全球智能手机的总出货量为 4.914 亿台，较 2010 年的 3.047 亿台增长了 61.3%，增长极其迅速。2012 年达到 7.252 亿台，2013 年更是达到 10 亿台以上的需求量（见表 2-5）。在这种情况下，手机已经越来越呈现出快消品的特征，消费者对手机的选择，已经从单纯关注品牌回归到产品本身。以诺基亚为例，虽然它曾连续 15 年保持全球市场占有率第一的品牌，但由于产品硬件、软件落后，最终被市场和消费者抛弃。苹果、三星是业界的标杆，由于它们的产品力强大，并且在渠道、营销、零售、服务等方面遵循消费品的行业本质，不断努力构建和提升相关能力，因此很快跻身市场第一阵营。

---

① IDC：International Data Corporation 的缩写，意为国际数据公司。

表2-5 全球智能手机出货量及其占比

品牌	2012 出货量/百万台	2012 占比/%	2013 出货量/百万台	2013 占比/%	2014 出货量/百万台	2014 占比/%	2015 出货量/百万台	2015 占比/%	2016 出货量/百万台	2016 占比/%	2017 出货量/百万台	2017 占比/%	2018 出货量/百万台	2018 占比/%	品牌
三星	219.7	30.3	313.9	31.3	318.2	24.4	324.8	22.7	311.4	21.1	317.3	21.6	292.3	20.8	三星
苹果	135.9	18.7	153.4	15.3	192.7	14.8	231.5	16.2	215.4	14.6	215.8	14.7	208.8	14.9	苹果
华为	29.1	4.0	48.8	4.9	73.8	5.7	106.6	7.4	139.3	9.5	153.1	10.4	206	14.7	华为
LG	26.3	3.6	47.7	4.8	59.4	4.6	74	5.2	99.8	6.8	111.8	7.6	122.6	8.7	小米
联想	23.7	3.3	45.5	4.5	57.7	4.4	70.8	4.9	53	3.6	92.4	6.3	113.1	8.1	OPPO
其他	290.5	40.1	394.9	39.3	599.9	46.1	625.2	43.6	654.5	44.4	577.7	39.4	462	32.9	其他
合计	725.2	100	1004.2	100	1301.7	100	1432.9	100	1473.4	100	1468.1	100	1404.8	100	合计

资料来源：IDC、国盛证券研究所。

华为此时也面临着向公开市场转型后的一系列问题，这些问题在 P6、Mate 7 使用 GTM 流程操盘成功后也逐步显现出来：

· 消费者 BG 的产品开发流程 IPD 已相对完善，GTM 流程也已建立，但在对接和运作中还不够紧密，经常会出现脱节的情况。尤其在增加营销和零售等职能后，需要有相应的流程与 IPD 流程相匹配。

· 虽然已建立产品路标等管理制度，但一线洞察收集、反馈等机制还不健全。

· 在 GTM 操盘中，营销和销售存在脱节，零售和销售也存在脱节现象，项目管理效率低下。

· 华为设有机关、地区部、代表处三级管理机构，但彼此拉通不畅，缺乏保障沟通和效率的机制。

· 各种信息来源复杂，信息同步困难，缺乏统一的语言体系。

· 新增的营销、渠道、零售等面向消费者的快消品业务模块较之前有显著独特性，例如消费品的产品定价（需考虑不同渠道的利润空间等，更为复杂）、调价等，要货预测计划也远比之前单纯的 To B 业务复杂。

· 项目拉通主要依靠个人关系、靠"刷脸"，能力没有真正落实并沉淀在组织上，组织能力有待提升。

面对这些问题，华为决定逐一落实解决，于是展开消费者 To C 变革项目群建设，其中一个重点项目正是"Retail 运作模式及架构建设"。在进行市场洞察、标杆调研以及自我评估后,华为明确了产品操盘流程的改进方向。

1. 遵循营销底层逻辑

结合业界标杆实践,发现公开市场的产品操盘依旧聚焦在 4Ps 原则下的四大要素:产品、价格、渠道和促销,相对应的则是**产品规划、价格管理、营销传播**和**要货计划 / 交付管理**(图 2-19)。即基于有效的市场和消费者洞察来规划产品,进行有效的价格管理,再通过精准营销触达消费者,从而激发购买意向。货品通过渠道布局保障及时供应并控制库存,实现消费者购买。要实现这样有效的产品操盘,需要各职能部门紧密协作、目标一致地完成。

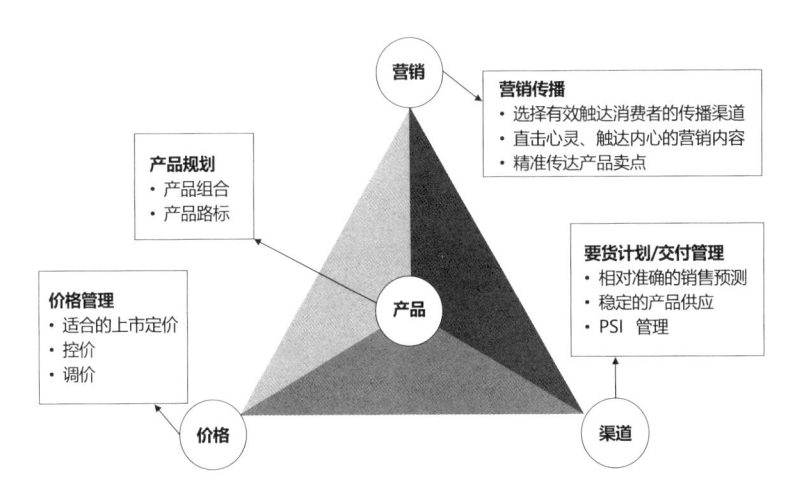

图 2-19 以产品为核心的操盘 4 要素

以产品为龙头、为核心,制定**产品规划**(产品组合、产品路标);通过适当的定价、控价、调价,持续保持产品的竞争力（**价格管理**）；热炒市场，选择有效触达消费者的传播渠道，利用直击心灵的营销内容将产品卖点"种草"于消费者，激发购买欲望（**营销传播**）；通过有效的渠道布局以及稳定的产品供应，实现消费者的就近购买（**交付、要货、渠道管理**）。

2. **遵循消费品行业规律，建立 Retail 的主干业务流程，支撑产品上市操盘的营销、渠道、零售、服务等部门的运作与管理**

通过与业界标杆对标，发现缺失产品营销服的流程，需要补足，如图 2-20 所示。

·苹果的 ANPP 流程负责产品开发，Product MKT 与营销传播及销售负责市场销售；

·三星的主干流下包含多领域流程，PLC 全社商品开发标准 Process、策略营销管理流程等；

·华为有较成熟的 IPD 体系，以及 GTM 流程，但是缺少针对消费品公开市场的营销服业务管理流程。

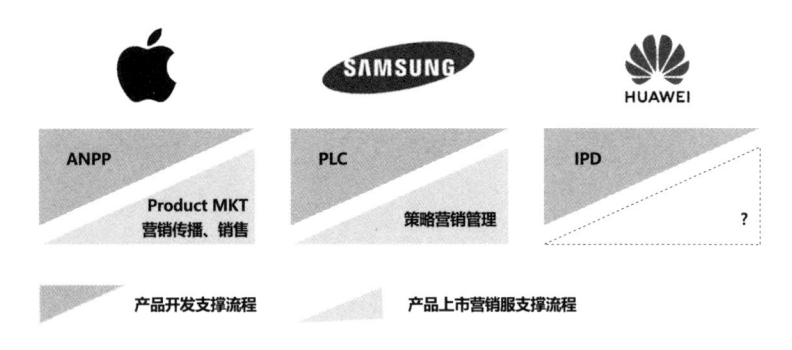

图 2-20　业务对标发现华为缺失营销服业务管理流程

消费品经营的本质，通俗地解释，就是**让消费者认可、购买并持续购买产品的过程。**

·消费者为什么选择？因为企业与消费者沟通效果良好，消费者认可产品能满足其需求，并激发了购买欲望。这涉及线上宣传、媒介以及品牌、口碑等活动。（**消费者沟通**）

·消费者为什么购买？因为消费者可以深度参与，很方便地触达产品，并有良好的体验，从而将购买付诸行动。这涉及渠道布局、零售门店管理、产品体验等活动。（**消费者参与**）

·消费者为什么持续购买？因为消费者获得产品满足，忠诚于该品牌。这涉及完美的日常产品体验、售后服务以及用户粉丝的经营，使品牌的净推荐值（NPS[①]）持续提升，进一步促进与消费者沟通，形成完美闭环、螺旋形上升态势。（**消费者忠诚**）

如图2-21所示，如果要经营好面向消费者的消费品业务，就一定要以消费者为中心，努力做好**市场传播**（线上宣传、媒介）、**零售门店管理**（终端形象与陈列、店员推荐、购机体验）、**日常使用与体验**（产品开发）、**服务**（售后服务）、**品牌**（品牌及口碑）等工作。因此，企业的产品能力、品牌能力、渠道能力、零售能力、服务能力等业务单元能力的提升，对消费者业务、对产品操盘的成功至关重要。

---

① NPS：Net Promoter Score 的缩写，意为净推荐值。

消费者沟通

消费者参与

消费者忠诚

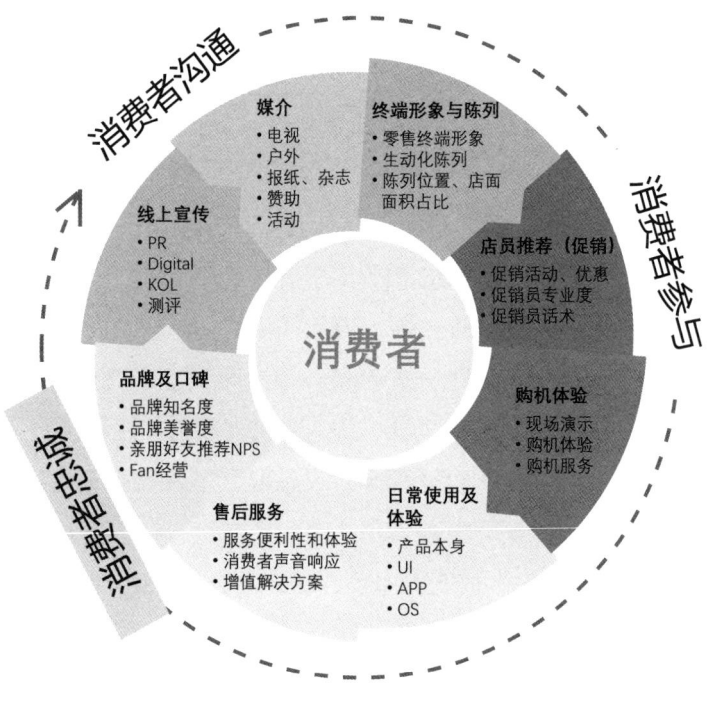

媒介
- 电视
- 户外
- 报纸、杂志
- 赞助
- 活动

线上宣传
- PR
- Digital
- KOL
- 测评

品牌及口碑
- 品牌知名度
- 品牌美誉度
- 亲朋好友推荐NPS
- Fan经营

售后服务
- 服务便利性和体验
- 消费者声音响应
- 增值解决方案

终端形象与陈列
- 零售终端形象
- 生动化陈列
- 陈列位置、店面面积占比

店员推荐（促销）
- 促销活动、优惠
- 促销员专业度
- 促销员话术

购机体验
- 现场演示
- 购机体验
- 购机服务

日常使用及体验
- 产品本身
- UI
- APP
- OS

消费者

图 2-21 消费品经营的本质示意图

3. 建立"产品+市场"双轮驱动的跨领域流程协同机制

产品前期以 IPD 流程支撑，产品上市后以营销服流程重点支撑，以 GTM 产品操盘的组织运作，将产品整体从创意规划、设计、开发直至生命周期结束全过程集成起来，有效协同，确保开发出消费者满意的产品（以消费者为中心的产品设计与开发），并在市场表现上获得商业成功（以消费者为中心的产品市场运作），如图 2-22 所示。

图 2-22 IPD 与营销服流程协同机制示意图

消费者 BG 的营销服流程是基于消费品行业的业务特性进行设计和开发的流程，将指导消费者 BG 市场端的业务开展，作为公司 L1 业务流程出现在公司的流程架构中。营销服流程是运作类流程（流程一般分为运作、使能、支撑三大类。运作类流程是客户价值创造流程，定义了所有为客户进行价值交付的业务活动；以"多打粮食"和提升作战能力为目标，通过与其他流程协同，提升整体竞争力），在公司流程架构中所处的位置如图 2-23 所示。

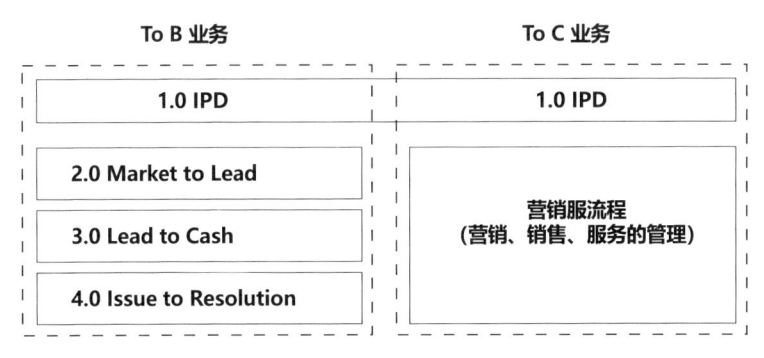

To B 业务	To C 业务
1.0 IPD	1.0 IPD
2.0 Market to Lead	营销服流程 （营销、销售、服务的管理）
3.0 Lead to Cash	
4.0 Issue to Resolution	

图 2-23 营销服流程在公司流程架构中的位置示意图

4. 统一操盘语言、统一操盘流程、统一操盘动作，拉通机关、地区部、代表处三层组织的产品操盘，实现上下拉通、左右对齐

前面提到，由于产品上市的操盘过程中会涉及多部门、跨领域的情况，彼此拉通不畅，缺乏沟通机制；而且各种信息同步困难，缺乏统一语言等诸多问题。当有了营销服流程后，就会将各部门、各领域在每个操盘阶段节点进行拉通、对齐，大家使用同一套语言沟通、同一个标准同步做一件事，达到了心往一处想、劲往一处使的目的。

2.4.2　IPMS：集成产品营销服流程

华为将 GTM 流程（图 2-13）结合 Retail v1.0（图 2-17）最终形成 Retail v2.0 主业务流程。Retail v2.0 可以看作是广义的 IPMS 流程，IPMS 操盘流程是 L2 级流程，如图 2-25 所示。2015 年下半年，经过 IPMS 项目组综合业界实践和华为实际运作情况进行提议，并由消费者 BG EMT[①] 讨论确定后，通过了集团汇报，在 EAC[②]、C3T[③] 和 ESC[④] 均已认可并达成共识。

---

① EMT：Executive Management Team 的缩写，意为经营管理团队。
② EAC：Enterprise Architecture Council 的缩写，意为企业框架委员会。
③ C3T：Corporate Business Transformation & IT Management Team 的缩写，意为企业业务变革及 IT 管理团队。
④ ESC：Executive Steering Committee 的缩写，意为高层指导委员会。

2.4.2.1 IPMS 是业务流

IPMS 是围绕一款单品，从确定路标到生命周期结束，端到端集成营销服体系运作的业务流（图 2-24）。横轴代表时间轴，是单款产品从 Charter 开始至生命周期结束的端到端全过程。纵轴表示跨领域各单元的业务协同。IPMS 流程的设计采用了泳道和泳池的概念，各个部门都在各自的泳道中前进，通过控制点（GR[①]点）确保各部门的进度一致，相互匹配。通过图 2-24，可以一目了然地看到在各个阶段各业务领域所需要完成的核心工作，"**什么人在什么时候按照什么标准做什么动作**"，从而保障业务协同和组织协同。通过跨领域业务的协同和互锁，实现了以下协同：

· **产销协同**——通过销售预测、要货预测，提前规划产能，实现产销协同，减少因供应短缺或供大于求产生的库存问题。

· **营销协同**——营销是让消费者产生购买欲望的过程，协同得好，购买需求全部得到满足；如果协同不好，消费者想买的时候买不到产品，就会影响销量。协同的目标是保证声量和销量的最大转化效率。

· **零售协同**——促进人、货、场的协同，使数以万计的零售门店"一夜换装"成为现实。发布会后第二天可以立即开展首销，线下线上门店已有产品展示、备货；销售人员（含促销

---

① GR：原为 GTM Review，现为 General Review 的缩写，意为市场领域总体评估。

爆品操盘 GTM

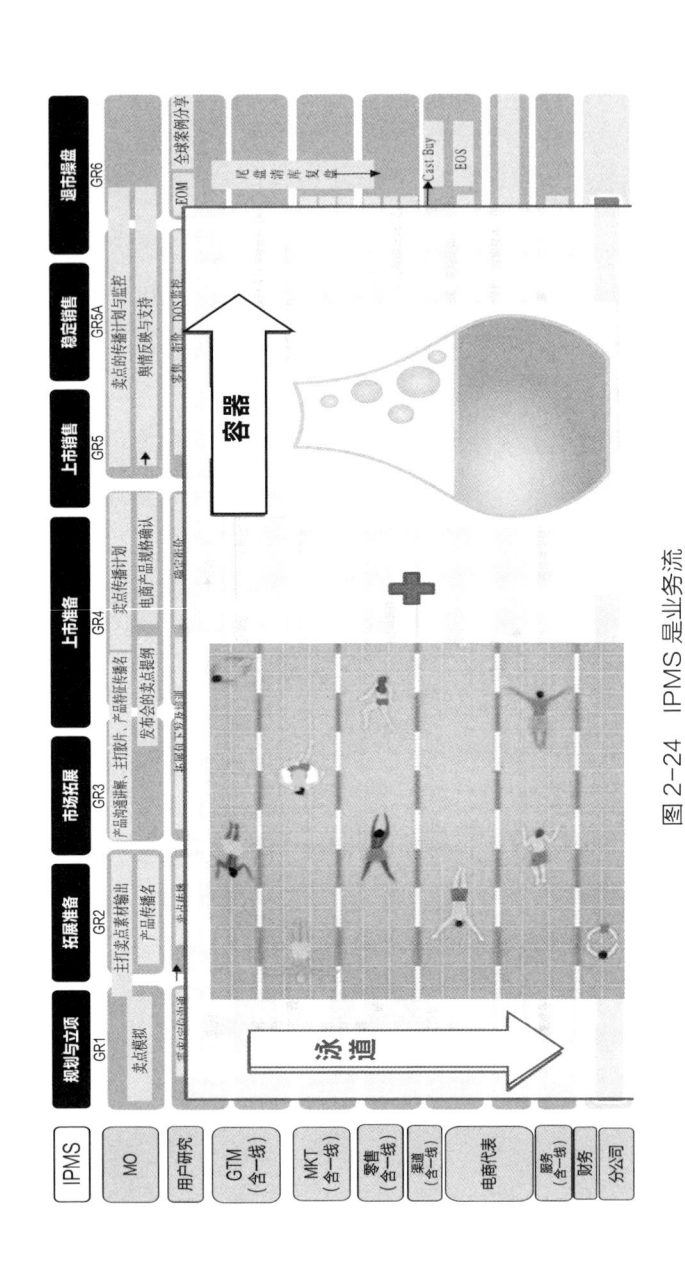

图 2-24 IPMS 是业务流

员）已经过培训考核且胜任该产品的销售工作；线下门店的形象、促销物料等已就位，已做好热销的一切准备。

· **整体协同**——有了协同的机制和流程，可以实现快速响应，跨领域部门的整体协同，力出一孔，从而利出一孔，让4P（产品、价格、渠道、促销）爆发更强大的力量。

2.4.2.2　IPMS 是业务流程

IPMS 是业务流程

IPMS 是 Retail 流程下的 L2 流程。它进行分场景业务流程定义，整合各类平台能力，同时可基于授权进行流程建设与运营。随着手机产品的"大众商品"属性越来越强，需要按照快消品的方式运作，强化 GTM 操盘能力、营销能力、渠道能力、零售能力、服务能力的建设，如图 2-25 所示。

16.0 Retail 流程是消费者 BG 的 L1 主流程，包含 6 个 L2 流程，分别是 16.1 IPMS、16.2 管理消费者产品 GTM、16.3 管理消费者营销、16.4 管理消费者渠道、16.5 管理消费者零售和 16.6 管理消费者服务。

流程层级

流程架构分为六层，如图 2-26 所示。流程架构中的 L1~L3 体现了业务方向和洞察力，是对业务模块和业务能力的高阶设计。以图 2-25 中的 16.0 Retail 流程为例，L2 流程涵盖了 To C 面向市场端的所有业务，包括 16.1~16.6 的 L2 流程。每

爆品操盘 GTM

16.0 Retail

16.1 IPMS

L2/L3: 16.1.1 规划与立项 → 16.1.2 拓展准备 → 16.1.3 市场拓展 → 16.1.4 上市准备 → 16.1.5 上市销售 → 16.1.6 稳定销售 → 16.1.7 退市操盘

L2:
- 16.2 管理消费者产品GTM
- 16.3 管理消费者营销
- 16.4 管理消费者渠道
- 16.5 管理消费者零售
- 16.6 管理消费者服务

L3:

16.2 管理消费者产品GTM：
- 16.2.1 管理GTM策略
- 16.2.2 管理产品拓展
- 16.2.3 管理产品生命周期市场操盘
- 16.2.4 管理GTM运营

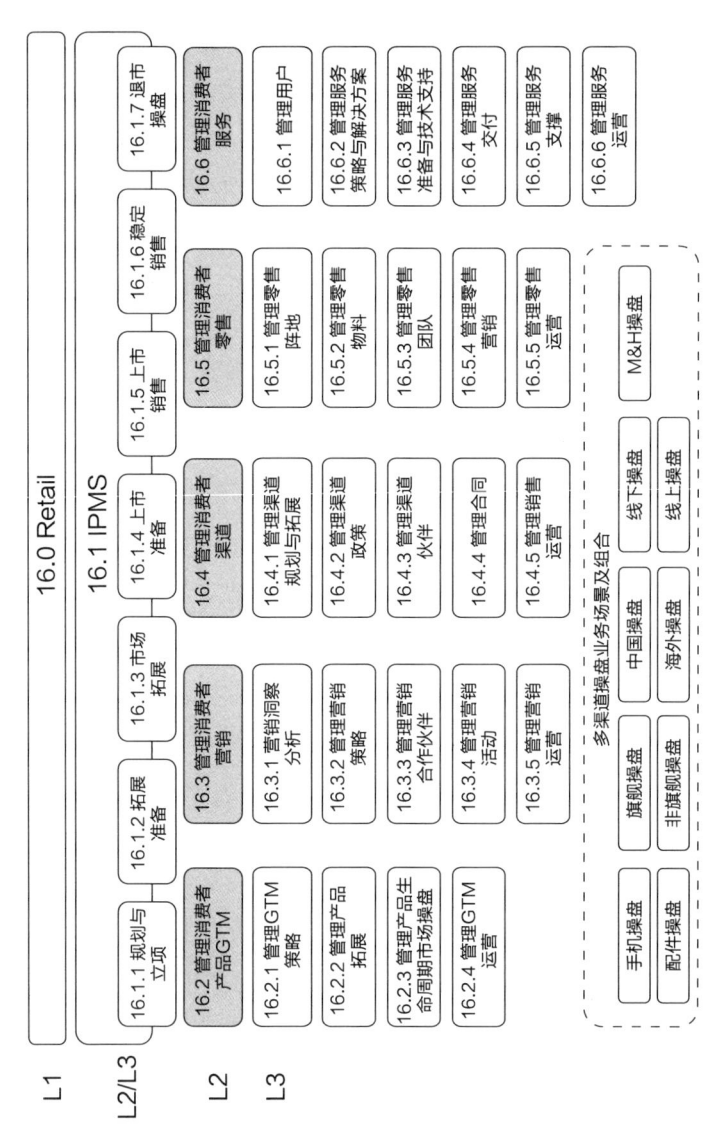

16.3 管理消费者营销：
- 16.3.1 营销洞察分析
- 16.3.2 管理营销策略
- 16.3.3 管理营销合作伙伴
- 16.3.4 管理营销活动
- 16.3.5 管理营销运营

16.4 管理消费者渠道：
- 16.4.1 管理渠道规划与拓展
- 16.4.2 管理渠道政策
- 16.4.3 管理渠道伙伴
- 16.4.4 管理合同
- 16.4.5 管理销售运营

16.5 管理消费者零售：
- 16.5.1 管理零售阵地
- 16.5.2 管理零售物料
- 16.5.3 管理零售团队
- 16.5.4 管理零售营销
- 16.5.5 管理零售运营

16.6 管理消费者服务：
- 16.6.1 管理用户
- 16.6.2 管理服务策略与解决方案
- 16.6.3 管理服务准备与技术支持
- 16.6.4 管理服务支付
- 16.6.5 管理服务支撑
- 16.6.6 管理服务运营

多渠道操盘业务场景及组合：
- 旗舰操盘
- 非旗舰操盘
- 中国操盘
- 海外操盘
- M&H操盘
- 线下操盘
- 线上操盘
- 手机操盘
- 配件操盘

图2-25 IPMS 是业务流程

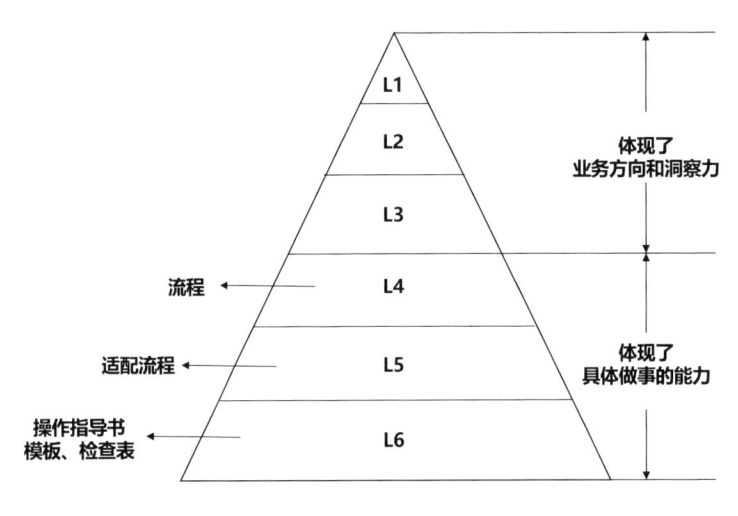

图 2-26 流程架构分层示意图

个 L2 流程下有 L3 流程，如 L2 层级"16.4 管理消费者零售"包含"管理零售阵地、管理零售物料、管理零售团队、管理零售营销和管理零售运营"等 5 个 L3 流程。

流程架构中的 L4~L6 体现了具体做事的能力。其中 L4 是通常意义上的流程，有角色、活动、输入输出，按照逻辑顺序展开，用于指导具体业务运作。L5 是面向各业务单元和区域的适配流程，可以根据各自的实际业务场景和管理需要进行流程裁减和适配，以提高流程适用性。L6 是流程中的操作指导书、模板、检查表等，用于指导如何做事。这些工具、模板是对以往成功经验的固化，可显著提升工作效率和质量。

在华为，之所以这么强调流程管理，是因为流程实现了对业务成功实践经验的固化，减少了对个人的依赖，让业务从偶然成功走向持续成功。任正非强调:"模板化是所有员工快速进步的法宝。规范化就是我们把所有的标准工作做成模板,按模板执行。新员工入职,能看懂模板,会按模板执行,就算是国际化、职业化了。以现在员工的受教育程度,入职3个月就能掌握模板运用了。而这个模板是前人经过几十年才摸索出来的,你不必再去摸索。各流程管理部门、合理化管理部门,要善于引导各类已经优化的、已经证实行之有效的工作模板化。清晰流程,重复运行的流程,工作一定要模板化。一个有传承和积累的公司才是有价值的。"[1]

2.4.2.3　IPMS运作机制

IPD流程定义了IPMT[2]和SPDT[3]/PDT团队组织架构,IPMS同样定义了IPMS-MT[4]、PCT[5]团队职责、例行运作及问题升级决策机制,通过GR来衔接IPD运作(这也是华为IPD变革成功后带来的好处,即企业有了能够快速复制一套流程及管理体系用于新的产品或行业的能力,这种思想和复制的能力是企业宝贵的财富),如图2-27所示。

---

[1] 摘自任正非在科以上干部大会上讲解《2001年十大管理工作要点》。
[2] IPMT:Integrated Portfolio Management Team的缩写,意为集成组合管理团队。
[3] SPDT:Super Product Development Team的缩写,意为超级产品开发团队。
[4] IPMS-MT:IPMS Management Team的缩写,意为IPMS管理团队。
[5] PCT:Product Commercial Team的缩写,意为产品商业团队。

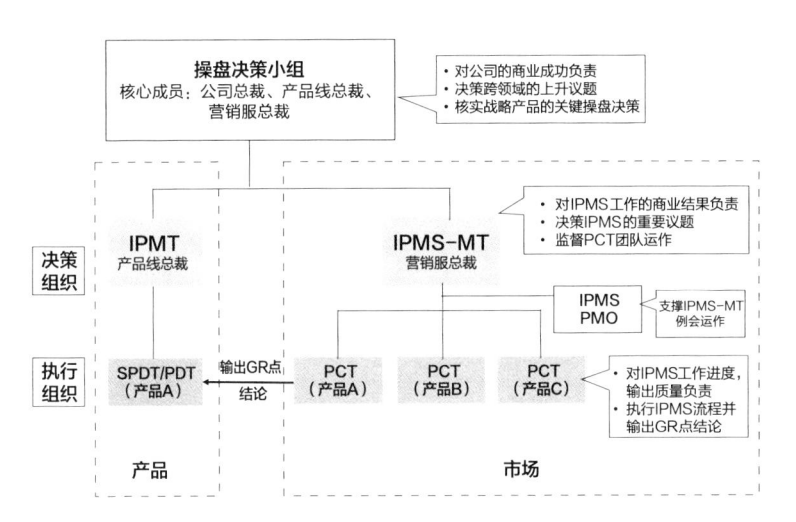

图 2-27 IPMS 运作机制并衔接 IPD 运作示意图

IPMS-MT 重量级团队职责

负责全球及某一特定区域的产品市场投资决策，对产品市场成功负责。

·审核市场侧（含营、销、服，下同）中长期发展规划，年度业务计划和预算。

·确立相应市场的愿景、使命和目标、战略方向以及投资优先级。

·针对特定的细分市场，对下级 IPMS-MT 提出新建、授权及撤销建议，并提交操盘决策小组审议与决策，进行年度例行审视。

·基于产品的市场策略确定授权规则，并匹配相应的 IPMS-MT，由其批准成立 PCT，并指派合适的 PCT Leader。

·审核批准产品营销计划，并确保该计划得到 GTM、营销、渠道、零售、服务及运作方面的支持，以确保计划的成功；实施管理新产品的引入，老产品的退出与过渡；管理市场预算与资源计划，以支持产品投资组合。

·负责 IPMS 流程及管理体系在所辖市场领域的推行，并对 IPMS 等流程的优化提供支持。

·对 IPMS 重大变更进行决策（拓展策略变更、进度变更、街价变更、范围变更等），对跨 PCT 领域协作中出现异议的上升议题进行决策。

PCT 重量级团队职责

PCT 团队是 IPMS 流程下跨部门的市场操盘团队，保证产品在市场上取得商业成功（规模和利润）；对单一产品在市场操盘整个过程中的端到端管理负责，对价、量、利润负责，包括产品操盘的进度、收入、客户满意度和按时保量完成销售。

·管理和执行产品操盘过程中各种不同的业务和市场要素，并及时作出决策，保证各领域活动和各阶段交付件按时按质完成。

·评审产品上市过程中的关键评审点（如产品各阶段 GR 点）。

·拉通产品上市过程中及上市后的 GTM、营销、渠道、零售、服务等各领域进度及各领域的信息共享。

·对产品生命周期内量价的波动进行监控并执行 IPMS-MT 的决策，保证产品的最大收益。

·对 PCT 各领域的重大变更进行评估（拓展策略变更、进度变更、售价变更、范围变更等），提交 IPMS-MT 审核决策。

· 例行监控舆情及消费者声音，拉通 GTM、营销、渠道、零售、服务等各领域，及时上报消费者重大问题 / 危机公关方案供 IPMS-MT 评审和决策。

· 输出 GR 的结论作为市场领域的操盘建议给 PDT，由 PDT 提交 IPMT，支撑投资决策。

· 对项目进展、遇到的问题及争议，及时上报求助。

· 负责产品可销售性需求并组织验收（含哑机、演示样机、卖点演示 APK 等）。

为了保证单一产品的 PDT 团队和 PCT 团队业务的衔接，进行如下设计：PDT 团队的产品经理同时也是 PCT 团队中的产品代表；PCT 团队的市场经理（一般由 GTM 经理担任）同时也是 PDT 团队成员，担任市场代表的角色。通过这样的衔接，可以有效地进行信息传递和拉通对齐，如图 2-28 所示。

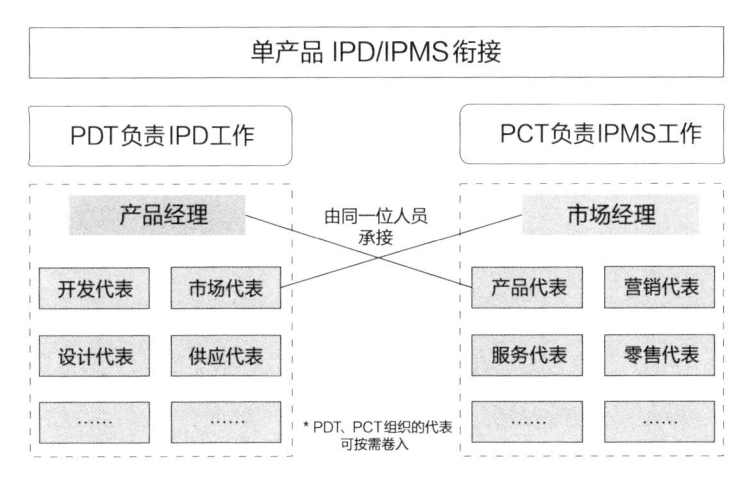

图 2-28 PCT/PDT 团队衔接业务互锁示意图

公司机关、地区部、代表处三层组织运作机制

1. 总部（机关）PCT（见表2-6）

表2-6　总部（机关）PCT成员及职责说明

角色	成员	说明
主任	GTM部门负责人	是PCT Leader，对PCT团队的组建、运行及关键Milestone（里程碑）的交付件质量进行总体把关
委员	总部GTM代表、总部市场代表、总部渠道代表、总部零售代表、总部财经代表、总部计划代表、总部服务代表等	总部层面PCT团队负责总体上市方案的策划和呈报决策，定期召开会议
会议召集人	总部GTM代表	需24小时内输出会议记录

2. 区域（地区部）PCT（见表2-7）

表2-7　区域（地区部）PCT成员及职责说明

角色	成员	说明
主任	区域GTM负责人或区域GM	—
委员	区域GTM代表、区域Marketing代表、区域渠道代表、区域零售代表、区域财经代表、区域计划代表等	区域层面PCT团队负责区域上市方案的策划和呈报决策，定期召开会议
会议召集人	区域GTM代表	需24小时内输出会议记录

3. 国家（代表处）PCT（见表2-8）

表2-8 国家（代表处）PCT成员及职责说明

角色	成员	说明
主任	国家经理	—
委员	国家GTM代表、国家Marketing代表、国家渠道代表、国家零售代表、国家财经代表、国家计划代表等	国家层面PCT团队负责国家上市方案的策划和呈报决策，定期召开会议
会议召集人	国家GTM代表	需24小时内输出会议记录

重量级团队运作难点及解决方案

1. **责权利不明确**

·**难点**：业务决策、预算核算、绩效评价和奖金分配等职能仍由原有部门主导，重量级团队变成了议事机构或参谋机构，缺乏清晰的责权利界定。

·**解决方案**：赋予重量级团队成员足够的权力，并制定激励政策，确保其承担商业成功责任，明确权责利。"重量级"的关键是团队负责人的权力要大于功能部门负责人的权力，要对组员具有主要的考评权力。

2. **运作规则不优化**

·**难点**：缺乏明确的决策规则，决策过程依赖于过去惯性，导致决策效率和质量未见提升。

·**解决方案**：引入预审、预沟通机制，确保决策会议聚焦利弊分析和策略取舍；根据业务特征确定投票规则，明确主任的权限。举例：在 2006 年 IPD Marketing 领域评审机制研讨会上，徐直军对决策提出了要求："以前 IPMT 委员参加会议就是举手，而在会议之前、在过程中没有任何需要参与签字确认的东西，无法承担作为一个委员应尽的责任。现在 Marketing 委员在每个 MR 点都要签字，签字不过的不能投赞成票。作为 IPMT 的委员在 IPD 流程中不能只是举手，在举手之前是有活动、有很多工作要做的，要在关键的环节签字确认，承担责任。"

3. 沟通与协调困难

· **难点**：由于团队成员来自不同背景，沟通中难免会出现误解和冲突。

· **解决方案**：建立有效的沟通渠道和机制，确保信息传递的准确性和及时性。例如，通过定期的 PCT 例会和 GTM 操盘委员会来实现信息同步和快速决策。

通过以上措施，可以有效解决重量级团队在 IPMS 流程体系中的关键难点，提升团队的运作效率和商业成功概率。

如何开好一场高效的 GTM 会议

高效 GTM 会议是确保产品成功上市的关键环节。为了提高 GTM 会议的效率和效果，可以采用以下三个工具：**预审机制、结构化思维和评审要素清单化**。以下是这三个工具的详细内容。

1. 预审机制：预审机制是指在正式的 GTM 会议之前，对即将讨论的内容进行预先审查和准备的过程。通过预审，可以提前发现和解决潜在问题,确保会议中的讨论更加集中和高效。

具体内容:(1)材料准备:如市场调研报告、产品文档、销售策略、市场推广计划、客户服务计划(如售后服务政策、技术支持方案)等;(2)预审流程:内部预审、跨部门预审、高层预审;(3)反馈与改进:收集反馈、修改完善。通过将上会的材料提前预审,再根据反馈意见对材料进行补充修改和完善,确保在正式会议上能够顺利推进。

2. 结构化思维:结构化思维是一种系统化的思考方法,通过将复杂的问题分解成更小、更易于管理的部分,从而提高决策和沟通的效率。

具体内容:(1)问题分解:明确目标(此次会议的目的和需要解决的关键问题)、分解问题(将主要问题分解成若干个子问题,每个子问题都有明确的目标和责任人);(2)逻辑框架:各个子问题之间互不重叠且涵盖所有方面,构建一个清晰的逻辑框架,从顶层的总体目标到下层的具体细节逐层展开;(3)信息组织:分类整理、优先级排序;(4)沟通表达:清晰表述、使用可视化工具(图表、流程图等)。

3. 评审要素清单化:评审要素清单化是指将GTM会议中需要评审的各个方面和要素列成清单,确保评审过程全面、系统且无遗漏。

具体内容:(1)评审要素清单;(2)评审流程;(3)后续跟进。

通过预审机制、结构化思维和评审要素清单化这三个工具,可以显著提高 GTM 会议的效率和效果。预审机制确保会议前的准备工作充分,结构化思维帮助理清思路和逻辑,评审要素清单化则确保评审过程全面且无遗漏。这些工具的结合使用有助于确保产品成功上市,并在市场上取得良好的表现。

2.4.2.4 几个需要澄清的概念

业务流指的是企业或组织内资源、信息、数据或价值的流动路径和方向,强调业务活动的整体框架和逻辑关系,通常不涉及具体步骤的执行细节。IPMS 是不同职能领域各业务活动的集成,如图 2-24 的泳道图所示。以电商平台的业务流为例:用户下单 → 支付 → 仓库拣货 → 物流配送 → 用户签收 → 售后反馈。

业务流程是为完成特定业务目标而设计的一系列有序步骤和规则,强调具体的操作方法和执行顺序。例如:订单审核流程:接收订单 → 检查库存 → 验证支付 → 生成运单 → 通知仓库。

业务流的视角是宏观的,强调整体链路,跨部门端到端的;而业务流程的视角是微观的,强调具体步骤。

IPMS 与 IPD 的关系

如图 2-29 所示,IPD 流程"确保产品做得出、做得好",IPMS 流程"确保产品推广得好、销售得佳",两大业务流程相互配合,共保产品商业成功。

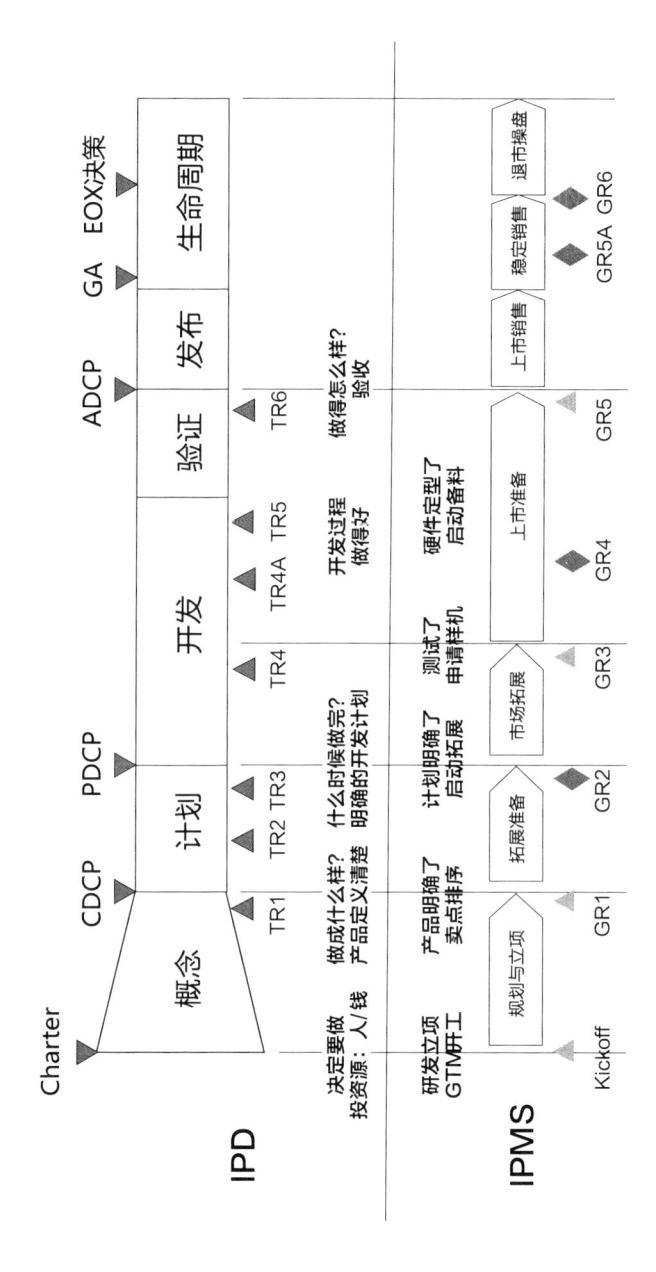

图 2-29 IPD 与 IPMS 在产品操盘中的衔接关系

图2-29中的GR点取代了之前GTM流程中的MR评审点，作为市场领域的统一意见（GR点包含MR和SR评审点）。IPMS流程通过GR点衔接IPD流程，支撑产品IPMT在各DCP的决策。

· GR1：是对"规划与立项"阶段的评估点，通过市场洞察分析后的结论来验证产品档位需求和市场定位。

简单理解：产品明确了，卖点排序。

· GR2：是对"拓展准备"阶段的评估点，关注市场预判及销量承诺，并为下阶段的市场拓展准备素材（包括方案策划、素材包及预算等）。**GR2结论需经操盘委员会评审。**

简单理解：销量承诺，项目计划明确，可以启动拓展。

· GR3：是对"市场拓展"阶段的评估点，根据拓展的结果确认街价或称建议零售价（RRP[①]）策略及评估要货预测。

简单理解：拓展包完成，营销计划初稿、定价、申请样机。

· GR4：是对"上市准备"计划阶段的评估点，在此点将定稿详细计划以及锁定资源。明确GTM操盘方案与预算方案、营销策略、渠道策略、零售策略以及首销、街价、分货等方案。**GR4结论需经操盘委员会评审。**

简单理解：上市的策略及资源等该确定的都确定了。

· GR5：是对"上市准备"筹备阶段的评估点，重点关注上市准备度评估。

简单理解：上市前准备工作已万事俱备。

---

① RRP：Recommended Retail Price的缩写，意为街价或称建议零售价。

・GR5A：产品在"稳定销售"阶段需要首次调价的评估点。为了保持稳定的销售曲线，拟通过调价来应对竞争、库存等所带来的压力。**GR5A 结论需经操盘委员会评审。**

简单理解：需要调价了。如果需要多次调价，则设置 GR5B、GR5C……

・GR6：是"退市操盘"阶段的评估点。重点关注产品退市操盘方案以及相应的准备工作。**GR6 结论需经操盘委员会评审。**

简单理解：要退市了。

为了更好地理解 IPD 流程与 IPMS 流程对应关系，特绘制了**四环模型图**，如图 2-30 所示。

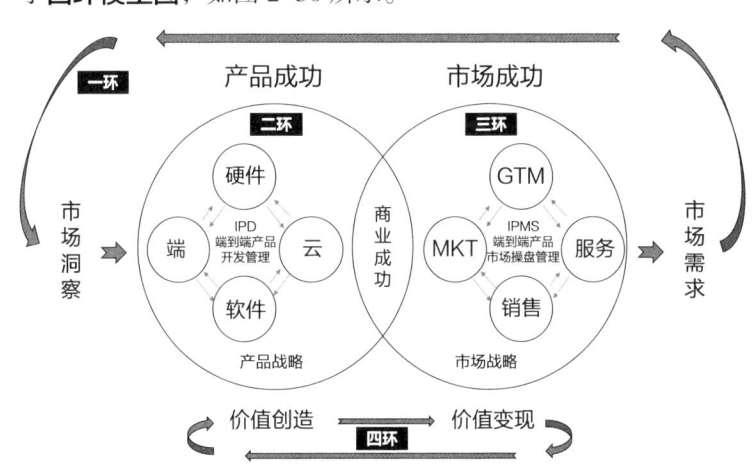

图 2-30　IPD 流程与 IPMS 流程对应关系四环模型图

一环：代表产品操盘是能力提升的循环过程。通过市场洞察，找准细分市场和目标人群；通过 IPD 流程运作开发出

合适的产品；再经过 IPMS 流程运作实现产品的商业成功。产品在上市后的市场反馈形成新的市场需求，作为输入信息汇入下一代产品的市场洞察中。通过几代产品的循环积累，实现企业产品操盘能力的提升。

二环：价值创造的过程。IPD 端到端产品开发管理流程实现了产品的成功。通过硬件、软件、终端、云的协作，打造出合适且优质的产品。考核标准：IPD 不仅考核商业成功，还考核产品开发质量以及开发效率。

三环：价值变现的过程。IPMS 端到端产品市场操盘管理流程实现了产品在市场上的成功。通过 GTM、MKT、销售（渠道和零售）、服务的协作拉通，让产品卖得好。

四环：价值流。从创造出有价值的产品，再到价值变现，从而获得资源再投入新一轮的价值创造中，生生不息、不断地发展壮大，最终实现企业的商业成功。

IPMS 与 GTM 的关系

关于 GTM 和 IPMS，在前文都已经讲到，在这一节中再归总并加以明确，以便于读者理解。

GTM 是 "Go To Market" 的缩写，意为产品上市，即执行产品进入市场落地的过程。因此，在上文的描述中，GTM 有时代表流程或体系（GTM 流程、GTM 体系）；有时代表执行上市工作的部门或岗位（GTM 管理部、区域 GTM、产品 GTM、零售 GTM 等）；同时，GTM 也是一种产品导向的业务视野，即如何将一个成熟的产品通过合理的定位、定价、MKT

策略、销售策略等方法，让产品出现在合适的场所，触达目标人群，并尽可能促成交易，实现产品经营效益和品牌效益的最大化。

IPMS 既是业务理念也是业务流程，是华为用于指导产品上市工作，**确保产品推广得好、销售得好**的工具。IPMS 流程需要集成众多跨领域部门进行通力协作，由跨领域各部门业务代表组成的 PCT 团队按照 IPMS 流程进行产品上市相关的业务运作。PCT 主任一般由 GTM 经理担任。在这里强调一点，企业并不是一定要成立 GTM 部门或 GTM 组织，而应根据公司规模、业务规模视情况而定。在一些公司里，没有设置 GTM 部门，而是由市场部承担 GTM 职能；而在某些企业，则由销售部门来承接 GTM 职能的工作。

IPMS 与零售的关系

我在另一本书——《华为零售》中将 IPMS 定义为"宏零售"，这是更广义的零售概念。而一般所说的零售管理，指的是对零售店面、零售人员、零售促销、零售培训、零售运营等的管理，聚焦在零售门店层面。

菲利普·科特勒博士给零售的定义是："将商品或服务直接销售给最终消费者，供其个人非商业性使用的过程中所涉及的一切活动。"零售，顾名思义，即"零着卖"，因此，这种方式决定了零售行业与其他行业相比具有一些独有特点：消费品和服务、最终消费者、一种活动。再精炼总结，就是"人、货、场"，这也是零售的三大要素，如图 2-31 所示。

对象是**人**，最终消费掉消费品或者服务的消费者

是**物品**，客观存在的，因此陈列、展示、库存、颜色等都需要考虑

是活动，因此需要发生的**场所和空间**

是**主观感受**，因此提供零售活动的人员的意识、能力、素养要具有水平

最终消费者 — 消费品 — 服务 — 一种活动

图 2-31 零售涉及"人、货、场"三要素

IPMS 流程最终实现了什么？是营销 4Ps 理论（Product 产品、Price 价格、Place 渠道、Promotion 促销）的落地应用，是产品的商业成功（卖得出、卖得好）。这些内容仍然可以归结为"产品、销售给消费者、活动过程"，因此，IPMS 是更广泛意义上的零售，取名为"宏零售"。宏，本义指房屋幽深而有回响，后引申出广大、广博、高远、发扬等含义。**宏零售是集营销、渠道、零售、服务之大成者，共同以消费者为中心，在满足消费者需求和企业商业成功上实现双赢。**

IPMS 的名字来历

看到许多文章提到 IPMS 是从 IPD 衍生过来的，IPD 叫集成产品开发，因此将集成产品营销服称为 IPMS。这样的解释也勉强可以，但是深究的话，这样的说法欠妥当。第二章讲述了华为产品操盘流程是 MPP 流程（是 IPD 的支撑流程）融入 GTM 理念发展至 GTM 流程，再结合 Retail v1.0 发展而成的，当时也习惯叫作整合营销服（面向市场端到端管理）。作者多方收集信息，也采访了当年的老同事，目前较可信的说法是这

个名字是"Retail 运作模式与架构项目"项目组的成员集体智慧的结晶，最后由 MSS 总裁批准确定下来，称之为"IPMS 集成产品营销服"。

2.4.3　华为 IPMS 流程操盘应用成功案例

首款应用 IPMS 流程的手机 P9 大获成功

使用 IPMS 流程操盘的第一款手机是 Huawei P9，同时 P9 也是华为手机突破历史纪录的·款手机——首款销量破千万台的手机。在这个成绩里面，除了向公开市场转型这几年间的经验积累外，更符合消费品操盘流程的 IPMS 的上线也是一大推力，为之作出了贡献。通过表 2-9 可以看到，尤其是 2016 年以后，华为手机每年的销量都突飞猛进，而且每年达成 1 亿台出货量的时间越来越短。从 2016 年 10 月 14 日实现当年出货 1 亿台，发展至 2019 年，仅仅用 5 个月的时间就达到了 1 亿台手机的出货量。2018 年的 P20 破千万台销量的时间是 147 天，2019 年的 P30 更是将这个时间提前了 62 天，仅用 85 天销量就破千万台。由此可见，IPMS 的产品操盘力是多么强大！

表 2-9　2010—2019 年华为手机销售数据表

年份	销量/万台	增加数量/万台	销量达到1亿台日期	单型号销量达到千万台时间	上市操盘流程
2010	300	—	—	—	MPP 流程
2011	2000	1700	—	—	……
2012	3200	1200	—	—	……
2013	5200	2000	—	—	GTM 流程
2014	7500	2300	—	—	……
2015	10800	3300	12 月 22 日	—	……
2016	13900	3100	10 月 14 日	P9 首款破千万台	IPMS 流程
2017	15300	1400	9 月 12 日		……
2018	20800	5500	7 月 18 日	P20 **147 天**破千万台	……
2019	24000	3200	5 月 30 日	P30 **85 天**破千万台	……

华为 Mate 系列的旗舰机型不断迭代，通过 IPMS 的精细化操盘大获成功，并带动了华为整体品牌升级。部分型号的销售量与销售额详见表 2-10。

表 2-10 2010—2019 年华为 Mate 系列手机部分型号的销售表

型号	2011 年 Mate 1	2012 年 Mate 2	2014 年 Mate 7	2015 年 Mate 8	2016 年 Mate 9 Pro	2017 年 Mate 10 Pro	2018 年 Mate 20 Pro	2019 年 Mate 30 Pro
价格/元	2688	2888	2999	3699	4699	5399	6199	6899
销量/万台	40	30	400	600	700	800	1000	1200
BG 总销售/亿美元	68	74	90	200	280	441	498	668

IPMS 助力华为 2024 年 Q4 重返中国市场 No.1

权威市场调研机构的数据显示（见表 2-11），2024 年第四季度（Q4），中国手机市场新机激活量排名中，华为、小米、苹果分别位居第一、第二、第三。其中，华为新机激活量为 1308.78 万台，市场份额为 18.04%，较去年同期增长 2.74；苹果手机新机激活量为 1241.17 万台，市场份额为 17.11%，较去年同期大幅下滑，下降 2.92%。

表 2-11 2024 年第四季度中国手机市场排名

排名	品牌	2024 年 Q4			2023 年 Q4
		激活量/万台	市场份额/%	同比增长	激活量/万台
No.1	华为	1308.78	18.04%	2.74	1146.57
No.2	小米（含 REDMI）	1243.22	17.14%	1.39	1180.22
No.3	苹果	1241.17	17.11%	−2.92	1501.16
No.4	Vivo（含 iQOO）	1145.66	15.79%	2.09	1026.42
No.5	荣耀	962.28	13.26%	−1.56	1111.16
Others	其他	1354.12	18.66%	−1.73	1528.558

第 3 章

产品操盘之战略盘

3.1 产品操盘方法及保障机制
3.2 产品操盘——战略盘：公司级产品组合操盘
3.3 产品操盘——战略盘：国家产品路标规划

3.1 产品操盘方法及保障机制

3.1.1 产品操盘 ILFOR 五步法

在 2.2.2 "GTM 究竟是什么神秘组织？"一节中提到的 GTM 业务一般分为 GTM 策略、产品 GTM 和市场 GTM 三个方向的岗位，统筹推动产品上市。这些岗位负责品牌运营、市场动态分析、产品生命周期管理等工作，确保产品能够触达目标人群并促成交易。因此，GTM 兼具战略职能和战术职能，如图 3-1 所示。

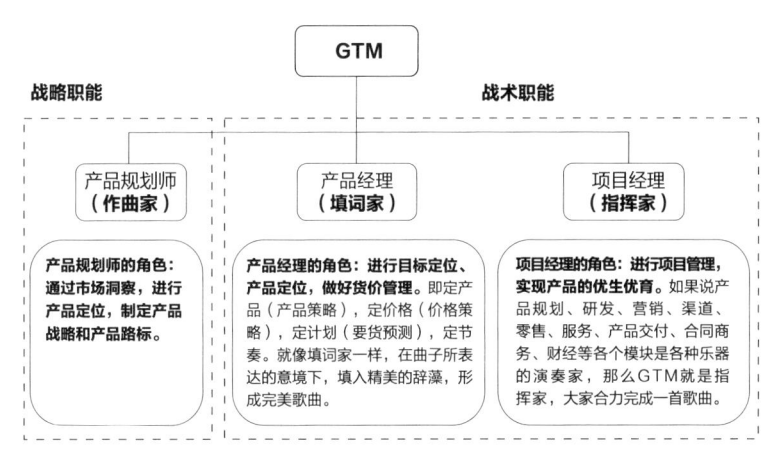

```
                        GTM
                         |
    ┌────────────────────┼────────────────────┐
  战略职能              战术职能
    |                    |                    |
┌────────┐          ┌────────┐          ┌────────┐
│产品规划师│          │ 产品经理 │          │ 项目经理 │
│ (作曲家) │          │ (填词家) │          │ (指挥家) │
└────────┘          └────────┘          └────────┘
```

产品规划师的角色：通过市场洞察，进行产品定位，制定产品战略和产品路标。

产品经理的角色：进行目标定位、产品定位，做好货价管理。即定产品（产品策略），定价格（价格策略），定计划（要货预测），定节奏。就像填词家一样，在曲子所表达的意境下，填入精美的辞藻，形成完美歌曲。

项目经理的角色：进行项目管理，实现产品的优生优育。如果说产品规划、研发、营销、渠道、零售、服务、产品交付、合同商务、财经等各个模块是各种乐器的演奏家，那么GTM就是指挥家，大家合力完成一首歌曲。

图 3-1　GTM 的战略职能与战术职能

综上所述，产品操盘分为战略职能操盘（大盘"产品组合操盘"）及战术职能操盘（小盘"单产品操盘"）。**产品组合操盘**是基于公司 SP/BP，再结合市场洞察后形成的产品战略，以产品路标作为输出目标。而**单产品操盘IPMS**则是针对某一款产品,从产品规划到退市的全生命周期管理,以实现该产品的商业成功;同时,通过操盘标准化,实现跨领域业务协同、逐代积累传承,以提升产品操盘能力和使项目持续成功为目标。每个战术级操盘的成功都是"积小流以成江海,积跬步以至千里",最终助力公司级战略目标的达成。公司产品端到端操盘方法如图3-2所示。

产品操盘"**辨定操营盘**"ILFOR五步法:市场洞察(辨)、产品路标(定)、上市操盘(操)、运营管理(营)、复盘管理(盘)。

产品操盘				
大盘		**小盘**		
产品组合操盘		**单产品操盘 IPMS**		
Insight 辨:市场洞察	**L**ayout 定:产品路标	**F**ormulate 操:上市操盘	**O**perate 营:运营管理	**R**eview 盘:复盘管理
洞察"五看" · **看**宏观(国家概况、营商环境、行业趋势等) · **看**市场(市场空间、渠道模式等) · **看**竞争(竞争分析、产品档位、零售覆盖等) · **看**用户(消费者洞察) · **看**自己	路标"四定" · **定**价格档位 · **定**目标竞品 · **定**产品组合 · **定**上市节奏	上市"五定五策" · **定**基石(目标定位、定卖点输出) · **定**价 · **定**量(交付计划) · **定**投入(营销费用) · **定**节奏 · 营销**策略** · 渠道**策略** · 零售**策略** · 电商**策略** · 服务**策略**	"攻守收"三阶段 · **攻**(秀一场发布会;打一场首销战役) · **守**(销售数据监控、交付计划调整、调价) · **收**(退市管理)	"两"复盘 · 首销复盘 · 生命周期复盘

图3-2 产品操盘"辨定操营盘"ILFOR五步法

3.1.2 产品操盘 PCPC 保障机制

一个上市表现良好的产品背后肯定有一套好的上市操盘方法,为方便记忆,称之为**产品操盘 PCPC 保障机制**。

1P(Process)流程保障:**1 个 IPMS 流程** —— 执行好该流程,从市场销售人员的视角,解读产品开发各节点的市场环节准备度,设计相应的上市准备动作和过程,使之规范化、流程化。

2C(Conference)组织保障:**2 个会** —— PCT 例会和 GTM 操盘委员会

4P(Point)节点保障:**4 个关键控制点(里程碑点)** —— 拓展准备(GR2)、上市准备(GR4)、首次调价(GR5A)、退市操盘(GR6)

4C(Carriage)业务保障:**4 驾马车** —— GTM 为马头,牵引四驾马车(零售/MKT/MO/研发部)

1. **1 个 IPMS 流程**

产品操盘的业界最佳实践来自华为。IPMS 流程是华为花费 10 余年时间总结出来的,且经过数十款、数百款产品(涉及 1+8+N[①] 战略的全产品)使用并证明行之有效的产品操盘方法论,是可以作为标杆经验供其他企业学习、借鉴的。经

---

① 1+8+N 战略即全场景智慧生活战略。"1"指手机;"8"代表八大类智能终端设备,包括车机、音箱、耳机、手表/手环、平板、大屏、PC、AR/VR 等;"N":代表泛 IoT 设备,涵盖智能家居、移动办公、运动健康、影音娱乐、智慧出行等多个场景,这些设备通过与智能手机和其他智能终端的互联互通,共同构建一个万物互联的生态系统。

过 MPP 流程至 GTM 流程再发展至 IPMS 流程，产品操盘的方法基本成熟，并且 IPMS 是具有生命力的，可以不断地自我完善和更新、迭代发展。有了 IPMS 流程，产品操盘就有了流程保障。

2. 2 个会

（1）PCT 例会

在 2.4.2.3 "IPMS 运作机制"一节中介绍过 PCT 重量级团队，成员包括来自各个职能部门的专家，如渠道专家、品牌专家和零售专家等。这些成员都是从各个职能部门选拔出来的，他们参与到产品操盘过程中，讨论具体的细节问题，并做出决策。PCT 团队定期召开会议，这也是 IPMS 流程中的基础管理团队会议。其主要功能是跨部门协调和信息同步，确保各个部门之间的沟通顺畅，避免因信息不对称导致的问题。例如，在研发部门开发某个功能时，零售部门可以提前进行物料设计，但如果研发部门最终决定放弃该功能，零售部门需要及时调整设计以避免浪费资源。

PCT 例会通常每周举行一次，但是，如果特别紧急也可以随时召开。PCT 例会不仅是一个信息共享平台，也是一个决策平台，用于解决跨部门协调和信息同步的问题。

（2）GTM 操盘委员会

GTM 操盘委员会则是一个比 PCT 会议更高层级的决策机构，其成员包括销售部、产品线、营销部等各部门的领导。这个委员会的主要职责是对一些关键进展和决策点进行统一评议和决策。具体来说，IPMS 流程中需要上到 GTM 操盘委员会决策的点主要有 GR2、GR4、GR5A 和 GR6 四个关键控制点。其他重要事项如果 PCT 会议解决不了，也可以升级至此进行决策，但是例行决策就这四个方面。

GTM 操盘委员会的运作机制确保了关键节点的决策能够迅速且有效地进行，这种机制不仅提高了决策效率，还确保了各部门之间的协同作战能力。

通过 PCT 例会和 GTM 操盘委员会这两个会议机制，实现了跨部门的信息同步和高效决策。PCT 例会作为基础管理团队会议，负责日常的信息共享和问题解决；而 GTM 操盘委员会则作为更高层级的决策机构，确保关键节点的决策能够迅速且有效地进行。

有了重量级操盘组织及召开好这两个例会，产品操盘就有了组织保障。

3. 4 个关键控制点

在 IPMS 流程推进过程中，有四个关键控制点，所谓关键指的是对业务影响较大的，需要决策及明确的。如图 2-29 IPD 和 IPMS 关系示意图中，四个"◆"所示即为拓展准备（GR2）、上市准备（GR4）、首次调价（GR5A）、退市操盘（GR6）。这四个关键控制点需要经过 GTM 操盘委员会的决策。把控好这四个关键控制点，产品操盘就有了节点保障。

4. 4 驾马车

在华为的 IPMS（集成产品营销、销售与服务）流程中，零售部、营销部、MO 营销运作部和产品线研发部各自扮演着关键角色，并通过紧密协作来确保产品的成功上市和市场表现。

·零售部：零售部主要负责终端的销售和市场推广工作，确保产品能够有效地触达目标市场和消费者，并实现零售目标。零售部要与营销部紧密合作，制订具体的零售计划和相关活动。

·营销部：营销部在IPMS流程中负责整体的市场推广和品牌建设，包括市场调研、品牌定位、广告宣传等。营销部需要与零售部协调，确保市场策略与销售计划的一致性。营销部还负责识别高价值用户群体并制定相应的营销策略，以提升品牌知名度和顾客满意度。

·MO营销运作部：MO在华为的定位属于研发部门，但它的职责是把研发的语言转化为市场上能够作为营销的语言去封装，例如卖点的封装、发布会的材料等。其核心任务是支持市场运作，使产品更具市场竞争力。举例："采用先进的深度学习算法通过大数据分析实现了对家居设备的智能控制"这是研发语言，"想象一下，只需一句话或一个手势，家中的灯光、空调、窗帘等设备就能自动调整到您喜欢的状态，我们的智能家居控制系统让您的生活更加轻松自在"就是营销语言。又如戴森吸尘器，"戴森专利V10数码马达驱动，130AW强劲吸力"是研发语言，"强大吸力，可以吸附99.97%小至0.3微米的微尘"就是营销语言。

·产品线研发部：产品线研发部则专注于产品的设计和开发。它需要根据市场反馈和消费者需求进行快速调整，确保产品具有竞争力。研发部需要与MO紧密合作，将研发成果转化为市场可接受的产品特性；同时，研发部还要与营销部紧密合作，以确保产品设计符合市场需求，并通过 GR 点将 IPD 流程与 IPMS 流程建立互锁机制，支撑决策。

在整个 IPMS 运作过程中，零售部、MKT、MO 和研发部这四个部门需要全程参与，每个阶段都要投入相应的资源和精力。在 GTM 的带领下，他们步调一致、群策群力、力出一孔，为产品操盘提供了业务保障，以确保项目的顺利推进和产品的成功上市。

3.2　产品操盘——战略盘：公司级产品组合操盘

"波音公司在 777 客机上是成功的。波音在设计 777 时，不是说自己先去设计一架飞机，而是把各大航空公司的采购主管纳入 PDT 中，由各采购主管讨论下一代飞机是怎样的，有什么需求，多少个座位，有什么设置，他们所有的思想就全部体现在设计中了。这就是产品路标，就是客户需求导向。**产品路标不是自己画的，而是来自客户的。**"[①]

公司级的产品路标规划是有一套路标规划流程（RDP[②]）的，在 2.1.1 "师承 IBM 的华为 IPD 体系"一节中有所提及，其在 IPD 体系中的位置如图 3-3 所示。

---

① 摘自任正非在 PIRB（Product Investment Review Board 的缩写，意为产品投资评审委员会）产品路标规划评审会议上的讲话，2003 年。

② RDP：Roadmap Planning 的缩写，意为路标规划流程。

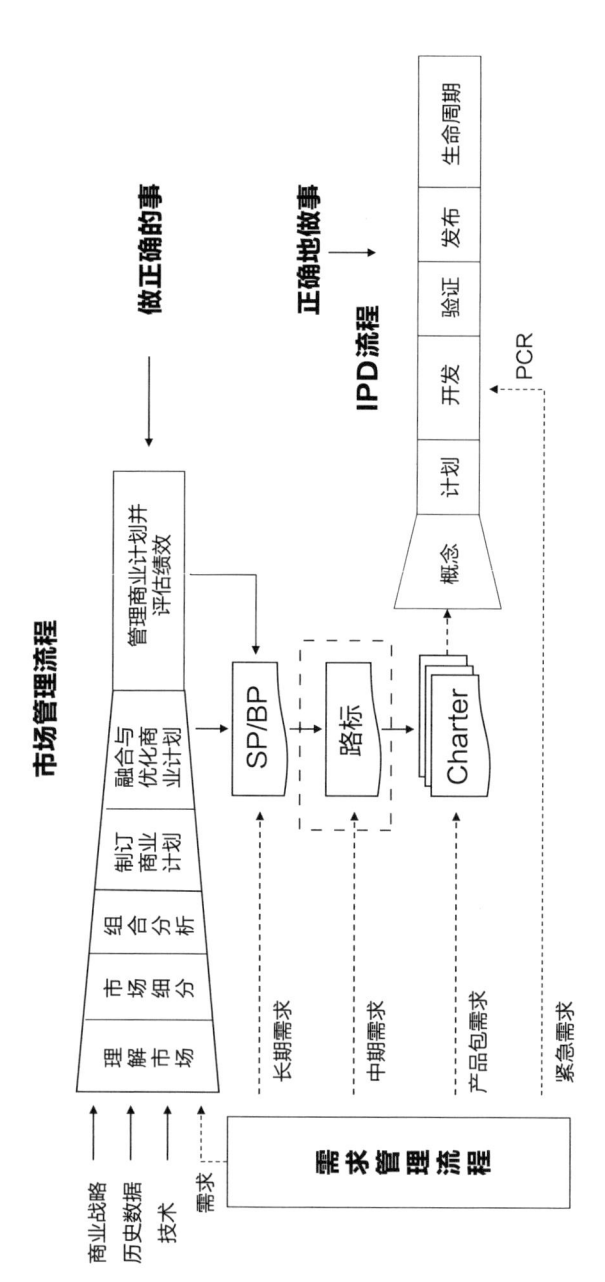

图 3-3 IPD 流程体系中的路标规划流程示意图

路标规划主要采用市场管理 MM（Marketing Management）方法作为指导。市场管理运用科学、规范的方法，对市场走势、竞争态势、客户要求及需求进行分析，在合理的市场细分规则下对目标细分市场进行选择和优先级排序，制订可执行、可落地、可盈利的商业计划，定义实现市场商业成功所需要执行的营销、开发、上市销售等活动。

市场管理主要包括理解市场、市场细分、组合分析、制订商业计划、融合和优化商业计划、管理商业计划并评估绩效等六个主要活动步骤（见表3-1）。

公司级的产品路标规划、开发、推广、管理是有一套严密的方法的，以保证**"做正确的事"**。由于本书主要讨论产品操盘上市的内容，因此不对公司级的产品路标规划做详细阐述（可参考产品研发类的书籍，其中均有详细的描述）。本书后续主要是以地区部或代表处的视角，对该地区部或代表处负责的国家进行市场洞察，并在公司产品路标的指引下输出该国家的产品路标，以获得品牌方的产品在该国家的商业成功。（华为有三层操盘架构：第一层是总部机关，第二层是地区部，第三层是代表处。以南太地区部为例，下辖菲律宾代表处、印度尼西亚代表处、马来西亚代表处等。根据国家的战略地位、市场重要度、市场体量等因素，一个代表处可以负责一个国家或者几个国家。）

公司级的产品路标规划不是公司总部的一些人在办公室里拍脑袋想出来的。我们看到，在市场管理的第一步就是理解市场，要进行市场调查、数据整理、环境/市场/竞争分析、

表 3-1 市场管理主要活动步骤

理解市场	市场细分	组合分析	制订商业计划	融合与优化商业计划	管理商业计划并评估绩效
·市场调查 ·数据收集 ·环境/市场/竞争分析 ·自身分析 ·SWOT①分析 ·市场地图 ·业务设计评估	·细分目的及框架 ·谁购买? ·购买什么? ·为什么购买? ·初选细分市场 ·验证细分市场 ·细分市场描述	·战略地位分析 ·财务分析 ·组合分析 ·选择目标市场 ·更新细分市场描述	·产品线目标假设 ·差距分析 ·增长分析 ·细分市场财务目标、战略目标、业务目标、价值定位、业务计划	·产品线业务计划 ·产品策略分析 ·识别潜在项目 ·PDC②组合分析 ·输出项目清单 ·制定产品路标规划	·产品包业务计划 ·制定项目任务书 ·KPI③考核表 ·业务计划执行 ·绩效监控及改进

① SWOT: Strengths Weaknesses Opportunities Threats 的缩写,意为强弱危机分析,一种企业竞争态势分析法。
② PDC: Portfolio Decision Criteria 的缩写,意为组合决策标准。
③ KPI: Key Performance Indicator 的缩写,意为关键绩效指标。

SWOT分析等,这些都需要进行大量的调研和信息输入。另外,在公司内部,产品路标规划有一个"自下而上"再"自上而下"的过程。国家代表处会将含有"产品组合、定制诉求、配置要求、销售目标、上市时间、价格诉求、渠道选择策略、营销投入、要货计划"等内容的报告提交给地区部,地区部的GTM再整合各国家代表处的信息,最终形成地区部报告提交至公司总部GTM。总部GTM根据各个国家代表处和地区部提交的报告,最终形成含有"产品组合、销售目标、SKU规划、价格授权、上市时间、优先级"的产品策略(即产品路标)。

3.3 产品操盘——战略盘:国家产品路标规划

3.3.1 产品操盘之"辨"——市场洞察

3.3.1.1 市场洞察的意义及"五看三定"方法

市场洞察的意义

"没有调查,没有发言权",这是早在1930年5月中国共产党领导人毛泽东为了反对当时红军中存在的教条主义思想,在专门撰写的《反对本本主义》一文中提出的著名论断。在前面的文章中,我们多次提到市场调查、市场洞察、零售普查等,这些工作的起点都是始于洞察,由此可见其重要性。下面将介绍市场洞察及相关举例,这是做好战略、做好规划的基本功。

洞察"五看三定"

洞察，在百度百科上是这样解释的：看穿，观察得很透彻；发现内在的内容或意义。因此，洞察不是简单的观察、调查，而是在于通过观察、调查获取表象信息及数据，然后对这些信息和数据进行深入挖掘和分析后形成结论，这些结论将指导后续的行为或活动。洞察结论是对未来的预判，因此不难理解市场洞察对于指导一家公司战略规划的重要意义。华为BLM业务领导力模型进行战略规划的第一个步骤就是"市场洞察"。这一步骤旨在通过市场调研和分析，深入了解市场趋势、客户需求以及竞争态势，为战略决策提供有力的数据支持。上节提到的路标规划的重要输入项，也是基于对市场、市场细分以及组合分析的深入理解而得出的结论，这足以证明市场洞察在战略规划中的重要性。市场洞察的方法一般采用"五看三定"法，其中"五看"具体如下：

· 看趋势/行业：宏观环境分析、行业趋势分析，识别技术革新、政策变化带来的机会与威胁（分析模型：PEST模型—政治、经济、社会、技术）；

· 看市场/客户：通过市场地图和客户需求模型细分市场，明确客户需求痛点和购买行为（分析模型：如$APPEALS模型、价格、可获得性、包装、性能、易用性、保证程度、生命周期成本、社会接受程度）；

· 看竞争：对竞争对手进行充分分析，包括现有竞争者、潜在进入者、替代品等，知彼（分析模型：波特五力模型）；

· 看自己：内部资源与能力分析，知己（分析工具：商业画布等）；

・看机会：结合之前的分析结果，识别出潜在的高价值战略机会点和突破方向。

"五看"只是一个概数，随着竞争加剧和技术进步等原因，影响一个企业商业成功的因素越来越多，需要洞察的领域也不断扩大。现在，有的企业还要看供应链、看上下游，因为企业在供应链中的能力和地位也越发影响到公司战略的制定和未来的布局。

"三定"：基于"五看"已经看清楚大格局、大趋势，看清楚自己所在的位置，那么接下来首先要确定的是企业的战略控制点，即独有的优势或是不易被模仿、超越的核心竞争力；再下一步是确定要到达的位置（定目标），以及到达这个位置的方法（定策略）。

・定战略控制点：可以简单理解为是护城河，是一种不易构建，但也不易被模仿、不易被超越的中长期核心竞争力，能够有效抵御竞争对手，削弱对手竞争能力的优势因素。举例：高通在移动通信芯片领域拥有众多核心技术专利，以技术为战略控制点；可口可乐以品牌资产作为战略控制点；腾讯通过微信支付、QQ等产品，在互联网支付和社交领域占据了绝对的市场份额，这是其重要的战略控制点；沃尔玛超强的供应链管理是其成功的战略控制点；海底捞以卓越的客户服务作为战略控制点。这些控制点都让这些企业保持了长期竞争优势。

再以TCL电视为例，其通过战略选择及确立技术控制点，实现"高端突围、王牌归来"。2024年较2021年净利润增长

7倍，产品NPS（净推荐值）持续提升，从45提升至54，75英寸（约190.5厘米）及以上大板出货量全球第一。TCL是怎么做到的呢？为了实现"成为全球前三的电视品牌、高端产品占比40%以上、技术自主及产业链整合、打造智慧家庭生态、实现可持续发展"的战略目标，TCL将Mini LED技术作为突破方向，这是历史上第一次由中国品牌引领电视领域的一个新品类。通过深耕，TCL在Mini LED领域建立了21项技术控制点，布局了153项核心专利，筑起了行业护城河。在全球范围内，TCL的Mini LED电视销量已接近三星，且在中国市场名列前茅。

·定目标：在确定了战略控制点之后，接下来就要设定清晰的战略目标。这些目标通常采用SMART原则（具体性、可衡量性、可实现性、相关性、时限性）来确保其科学性和可操作性。

S（Specific）：目标必须是具体、明确的，不能模糊，要让人清楚知道需要达成的结果是什么。

M（Measurable）：目标必须是可衡量的，能够进行判断。

A（Attainable）：目标必须是可实现的或具备实现的可能性，要考虑资源、能力、精力、时间等因素。

R（Relevant）：与其他目标有一定的相关性，不是孤立的，有助于推动其他目标的实现。

T（Time-bound）：目标必须有明确的截止日期。

例如，"截至2025年1月17日，完成不少于10万字的《爆品操盘》的初稿"就是符合SMART原则的目标了。

·定策略：基于战略控制点以及目标，制定实现目标所需的关键任务、关键举措等。各种策略的落地执行可保证目标的达成，走向成功。

市场洞察是业务基本功

市场洞察不是一次性的工作，而应该是作为一项业务的基本功去对待。GTM要牵头组建市场洞察小组，梳理模板并定期收集小组内信息，在日常工作中日积月累，减轻"洞察"工作的负担。之后以周或月为维度形成周报、月报进行归档，方便共享和调用。各职能部门可以参考的洞察维度如下：

·GTM：市场价格动态、各档位产品规格、行业新产品、市场空间及份额……

·渠道：客户拜访信息反馈、客户计划及预算、竞品政策及动态、客户发展规划、容量……

·零售：线下客流趋势、门店竞争态势、陈列技术变化、促销资源……

·营销：媒体动态、相关行业展会、社会热点、KOL信息……

·电商：线上流量趋势、竞品活动、用户反馈、网店运营情况……

·交付：产能动态、仓储情况、物流费用变化……

·服务：VOC[①]、竞品售后情况……

---

① VOC：Voice of Customer的缩写，意为客户声音，是企业从客户那里收集到的各种需求、意见、反馈、期望等信息。

3.3.1.2 国家产品操盘的市场洞察

国家产品策略及路标的制定承载着代表处（以一个代表处负责一个国家为例，产品为手机，下文同）SP 和 BP 在营销体系内的解码及落地任务，是国家整体战略规划和资源分配的依据。其目的是确保企业在整个市场中取得胜利，既达成销售增长的目标，又完成品牌的积累。

国家市场洞察"五看"

国家市场洞察通过"五看"工具进行（此"五看"聚焦于一个国家的产品策略，因此其宽度、广度和深度都会低于制定战略时的市场洞察"五看"）。市场洞察的主要维度、输入项（数据源）、输出项（有效信息）等内容如下：

1. 看趋势/行业的维度

（1）国家概况

输入：人口数量、宗教、性别及年龄结构、经济发展趋势、人均 GDP、人均收入等；

输出：整体国家的购买力水平、主力购买人群等。

（2）营商环境

输入：政治环境、人文环境、安全性、税务、法律、汇率稳定性等；

输出：总体经商环境、存在的潜在风险等。

（3）行业趋势

输入：技术发展趋势、手机发展趋势、未来需求方向等；

输出：技术发展水平、未来对手机的需求等。

看宏观的结论：对国家商业模式及未来方向有初步判断。

2. 看市场/客户的维度

（1）市场空间

输入：手机保有量、渗透率、平均单价、价格档位占比、市场类型、主要品牌及占有率等；

输出：整体市场规模及可适配的产品。

（2）渠道模式

输入：运营商、国家级代理商、分销、线上线下等情况；

输出：掌握国家所需的渠道模式，初步判断本公司适配的渠道模式。

（3）零售业态

输入：独立手机店、通信连锁店、电器店、运营商店、品牌专卖店、线上店铺等；

输出：确定适合本公司的零售阵地。

看市场的结论：对产品布局、渠道和零售模式有初步判断。

3. 看竞争的维度

输入：行业地位、渠道和零售现状、品牌及营销投入、产品及人力布局等；

输出：各竞争品牌的市场策略，优劣势。

看竞争的结论：锁定主要的竞争对手，明确竞争策略。

4. 看用户（消费者）的维度

（1）目标人群（消费者画像）

输入：对消费者进行细分，如年龄、性别、收入、行业等，描绘目标消费者的特征、需求、偏好、生活方式及价值观等；

输出：锁定各产品档位的目标人群以及不同人群的痛点及需求，形成消费者画像。

（2）消费习惯（消费行为分析）

输入：针对消费者细分人群的购买习惯、购买路径、决策过程等进行调研并提炼影响因素；

输出：掌握影响消费者购买产品的关键因素。

（3）媒介及品牌洞察

输入：针对消费者细分群体的媒介触达方式及影响品牌感知的因素进行调查；

输出：确定适合的传播媒介及影响消费者对品牌认知的关键因素。

看用户的结论：对产品定义、营销及品牌策略有初步判断，有明确的消费者画像。

5. 看自己的维度

输入：技术、产品、营销、渠道、消费者认知等。

输出：初步适合该国的产品操盘策略。

看自己的结论：明确技术、产品策略、营销策略、渠道及零售策略等。

消费者洞察

产品策略最重要的一项是消费者洞察。以消费者为中心、满足消费者需求，是To C企业的一项核心能力。华为从向公开市场转型那一刻起，就把"华为终端产业竞争力的起点和终点，都是源自最终消费者"作为最高行动纲领。

消费者洞察是指通过深入研究和分析消费者的需求、行为和特征，以帮助企业更好地了解和满足消费者需求的过程。它通常包括对消费者画像、购买行为、消费心理等方面的系统分析，从而为企业制定有效的产品策略与营销策略提供支持。下面介绍一些消费者洞察的理论及方法：

1. **焦糖布丁理论**

哈佛大学教授克莱顿·克里斯坦森在《与运气竞争》一书中提出了一个关键理论——Jobs to be done（JTBD），即"需要完成的任务"，国内也戏称其为"焦糖布丁"理论。这个理论的核心思想是：顾客购买一件商品，并不是想拥有这件商品，而是想"雇用"这件商品帮他完成一个现实世界中的任务。

焦糖布丁理论是研究消费者购买行为、挖掘产品背后消费者动机的理论。

消费者是很现实的，他们不会为了产品而购买产品，而是为了满足某种需求或让自己获得某种好处而选择产品。例如，"顾客并不需要一个 1/4 英寸（约 0.64 厘米）的钻头，他只是需要一个 1/4 英寸（约 0.64 厘米）的洞"，钻头只是产品，打洞才是任务。又如，"奢侈品包包的情绪价值要大于其装物的使用价值"。

JTBD 提供了一个新颖的角度去观察消费者。我们可以使用以下任务陈述的标准模板，把产品放在消费者完成任务的情境中去思考，能更好地把握消费者对功能利益、情感利益以及社交利益的诉求。模板："我是……，当我在……环境/场景中，我需要完成……任务，从而获得……收益或缓解……痛点（功能利益），这样会让我自己感到……（情感利益），或别人能感受到我是……的人（社交利益）。"

案例：奶昔困境

一家快餐连锁店为了提升奶昔的销量，进行了多次创新尝试，但效果并不理想。克里斯坦森通过分析发现，消费者购买奶昔的真实任务是在通勤时缓解饥饿感并增加乐趣。因此，他们需要的是一种既能提供饱腹感又能在开车时方便享用的产品。最终，快餐连锁店通过重新设计奶昔的配方和包装，使其更适合在通勤途中饮用，从而提高了销量。

· **我是谁**：我是一个忙碌的上班族。

· **当我在什么环境／场景中**：当我每天早上开车上班时。

· **我需要完成什么任务**：我需要找到一种既能解渴又能打发时间的方式。

· **从而获得哪些收益或缓解哪些痛点**：我需要一种方便携带且能慢慢享用的饮品，以避免手忙脚乱，同时也能在通勤过程中提供一定的精神慰藉。

· **这样会让我自己感到什么**：我会感到自己是一个有条理且注重生活品质的人。

· **别人能感受到我是怎样的人**：别人可能会认为我是一个懂得享受生活的人。

通过这个模板，我们可以更深入地理解和挖掘用户的真实需求，并以此为基础进行产品创新和优化。

2. 消费者洞察的若干方法

焦点小组座谈会	入户访问	群组访问	仪器观测，如眼动仪等
线上线下问卷	陪同购物	神秘访客	表情观察、解码
社交媒体数据	电商数据	用户日志	……

以某品牌为例，（1）通过调查问卷方式进行调查：该品牌会定期在线上（官网、社交平台等）发放调查问卷，收集消费者关于产品的使用心得、意见及建议等；在线下（如品牌旗舰店等零售门店）通过访谈消费者，掌握消费者对产品及品牌的反馈；（2）通过大数据分析进行了解，如根据购买型号、配置、购买时间、购买渠道等信息，了解消费者的购买偏好；根据消费者手机使用的数据，如用机时长、使用频率等，了解用户日常最常用的功能；（3）社交媒体监测……

在前文中提到，华为 Mate 7 上市大获成功，这份成绩里面，消费者洞察也发挥了重要作用。由于前两代 Mate 产品操盘不成功，华为中国区的团队成员心里憋着一股劲，决心要在 Mate 7 上打个翻身仗。为了能够让新一代 Mate 产品走入消费者视野，成为他们的选择，中国区团队做了大量工作。仅在上市前，就完成了 4 万多份消费者调研，全面调查和梳理了商务人士的需求。针对目标人群，团队对所有市场工作进行了周密安排。由于掌握了消费者准确的需求信息，在经过多次讨论操盘方案后，中国区团队提出：坚决打入高端市场，定价 3500元，目标销量超百万台。结果令人欣喜，Mate 7 一上市就立即引爆市场。

中国鞋服品牌特步在 2024 年发布了一款 360X 系列碳板跑鞋旗舰新品，引爆市场，使特步 2024 年旗舰产品销量同比增长 154%，同时拉动同店跑鞋业绩增长 30% 以上。这份成绩离不开特步公司对消费者的深入洞察。早在 2023 年，特步公司的开发团队就针对 360X 系列跑鞋的消费者进行了调研，历时 4 个月，共走访了 10 余个主要城市，与 7 个跑步团体、30 家店铺的导购员以及 10 所初级中学的超过 200 名初中生进行了面对面座谈，聆听消费者的声音，掌握消费者的需求以及对一双理想跑鞋的期待。试想，通过这样深入调研设计生产出来的符合消费者期望的产品，能不卖爆、卖脱销吗？

消费者洞察的方法和手段多种多样，但最终目的只有一个，那就是了解消费者的真实动机。

3.3.1.3　举例：国家产品操盘的市场洞察

以 Y 国为例，进行市场洞察①。

1. 看宏观

人口	2.6 亿人	人均 GDP	3150 美元	GDP 增长率	6%
宗教	伊斯兰教	汇率	1 美元=……	……	……

· 政局稳定，与中国关系较友好；
· 市场正处于功能机向智能机大规模转移的过程中，未来

---

① 注：案例中使用的一些数据旨在帮助读者理解和阅读，数据仅用于示意，无实际意义，前后无逻辑关联，且各章节的案例之间无相应承接关系。以下同。

3年3G网络建设覆盖率将达到80%；

·市场秩序良好，市场规范，外国投资营商环境较优；

·年轻人口多，消费潜力大，具备一定的消费能力。

结论：Y国是适合投资进入的市场。

2. 看趋势

手机主机创新乏力、配置同质化严重、主机应用场景革新力不足，各大厂商均开始了以手机为核心，向周边智能产品延展的趋势（连接VR设备、外置相机、运动健康设备等），以增强更丰富、更创新的用户体验。手机将不再作为独立的终端，而是成为连接其他智能周边产品的核心枢纽，并形成完整的硬件生态圈。

发展方向：硬件生态化、产品跨界化，打造更丰富的用户场景，提供更极致的用户体验，引领更前瞻的消费科技，配备更尖端的硬件配置，使产品能够吸引更多用户、经营好更多用户、促进更多用户消费。

手机产品的功能趋势如图3-4所示。

	指纹识别	生物识别技术	超级快充	无线充电	Hi-Fi	双摄	OIS	激光对焦	自动对焦	压力触控	2.5D glass	双面玻璃	移动钱包	全球漫游	Type-C接口	眼球识别	NFC
1品牌	▲					▲		▲		▲							▲
2品牌	▲	▲	▲			▲								▲			
3品牌	▲	▲															
4品牌	▲														▲		
5品牌				▲									▲				
6品牌	▲					▲											
7品牌	▲													▲			
8品牌	▲							▲									

图3-4 主要品牌厂商重点产品的功能趋势

3. 看市场

智能机市场空间	2800万台	平均单价	$150~200	运营商与公开市场占比	1:9
移动用户数	2.88亿	移动渗透率	120%	……	……

价位段 / 元	占比 / %
<750	7.4
750~1000	16.8
1000~1500	16.8
1500~2000	17.1
2000~2500	12
2500~3000	6.5
3000~3500	5.9
3500~4000	3
4000~5500	5.3
5500~7000	4.9
>7000	4.3

·市场空间大，智能机市场前景广阔，但平均单价水平一般。

·公开市场占绝对优势，需要具备较强的渠道和零售管理能力。

·零售价2000元以下占比58.1%，需重点关注，作为基本盘必须守住。

·腰部及中高档市场需有对应产品，腰部产品档位空间狭窄，需注意投入产出比；但作为向高端产品过渡的桥梁，需予以重视。

结论：典型的公开市场，以中低端市场为主，在夯实基本盘的基础上，有节奏地向中高端市场冲击。

4. 看竞争

通过图3-5各品牌在不同价格档位的市场占有率，可以初步分析出Y国手机市场的分布和品牌定位、市场竞争格局、价格档位与市场份额的关系、品牌策略及市场表现等，为品牌切入市场寻找机会及确定目标方向提供依据。类似的图形很多，还可以根据各品牌在不同价格档位市场份额的年度变化趋势来分析竞争对手的战略方向，这些都可以作为本企业产品策略制定的参考信息和依据。

· 品牌1、品牌6和品牌9占据高端市场，中端市场竞争激烈。

· 品牌1占绝对主导地位，但同比有下降趋势，面临其他品牌压力。

· 品牌2和品牌3有明显的档位区隔，本企业产品需通过差异化策略抢占市场份额。

……

通过表3-2可了解主要竞争对手的产品定价以及主要配置（屏幕尺寸、CPU），为本企业产品的定位、定价提供参考依据。

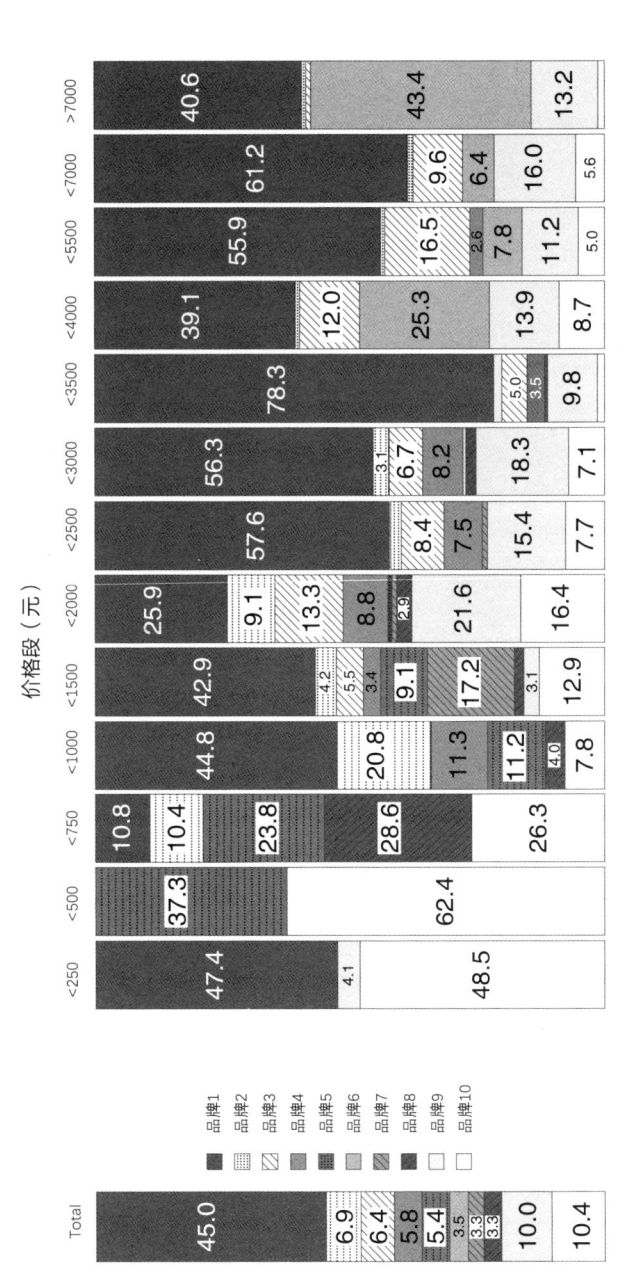

图 3-5 Y 国手机市场各品牌在不同价格档位的市场占有率（单位：%）

表 3-2　Y 国 H 品牌、S 品牌、L 品牌不同价格档位产品主要配置一览表

价格段/元	占比	H 品牌				S 品牌				L 品牌			
		型号	价格	屏幕尺寸	规格参数 CPU①	型号	价格	屏幕尺寸	规格参数 CPU	型号	价格	屏幕尺寸	规格参数 CPU
<500	0.60%									B2600	699	3.5	2-core 1.0 GHz
500~750	6.80%									B3900	850	4	2-core 1.0 GHz
750~1000	16.80%	H320/330	TBD	4	2-core 1.3GHz	N00	950	3	850 MHz	B3600	999	4	2-core 1.3 GHz
1000~1500	16.80%	H530	1500	4.5	2-core 1.2GHz	Ch00	1100	3	1.0GHz				
		H600	1500	5	2-core 1.2GHz	Yo00	1200	3.27	1.0GHz				
1500~2000	17.10%					Fr00	1650	3.5	2-core 1.0GHz	B5100	1549	4.5	2-core 1.3 GHz
						In00	1850	4	2-core 1.2 GHz	X8900	1750	5	2-core 1.3 GHz
						Ac00	1999	4	2-core 1.2 GHz				
2000~2500	12.00%	H630	2499	5	4-core 1.2 GHz	Co00	2499	4.3	2-core 1.2 GHz	B8500	2299	5.5	4-core 1.3 GHz
										X6500	2499	4.7	4-core 1.3 GHz
2500~3000	6.50%	H3C	2699	5	4-core 1.3 GHz					X6600	2699	4.7	4-core 1.2 GHz
		J6	2999	4.5	4-core 1.2 GHz					X8200	2799	4.7	4-core 1.2 GHz
										Q7800	2899	4.7	4-core 1.2 GHz
										X9300	2999	6	4-core 1.3 GHz
3000~3500	5.90%	M1(Tablet)	3499	8	4-core 1.6 GHz	Gr00	3275	5	2-core 1.2 GHz				
3500~4000	3.00%	H 3X	3999	5.5	8-core 1.7 GHz	ME005.8 16GB	3799	5.8	2-core 1.4 GHz	L9000	3799	5.5	2-core 2.0 GHz
										X9600Vi X	3999	5	4-core 1.5 GHz
4000~5500	5.30%	X1	4999	7	4-core 1.6 GHz	GR00 2	4099	5.25	4-core 1.2 GHz				
						ME006.3 16GB	5000	6.3	2-core 1.7 GHz				
5500~7000	4.90%	P7	5999	5	4-core 1.2 GHz	ME00II 16GB	6799	5.5	4-core 1.6 GHz				
						S40 16GB	6299	5	4-core 1.6 GHz				
>7000	4.30%					S5	8499	5.1	4-core 2.5 GHz				

① CPU：Central Processing Unit 的编写，意为中央处理器。

通过表3-3产品布局的机型数量可以看出,品牌A与品牌C采取的是精品战术,品牌B则采取的是机海战术。品牌A也在向高端市场发力,但目前销售业绩较差,品牌力不足以支撑其高端定位。品牌C缺乏高端机型。这些数据可以为本企业产品路标的制定提供参考。

表3-3 Y国品牌A、品牌B、品牌C不同价格档位产品布局

价位段/元	品牌A产品数量	品牌B产品数量	品牌C产品数量
<750			1
750~1000	1	1	2
1000~1500	2	2	
1500~2000		3	2
2000~2500	1	1	1
2500~3000	2		3
3000~3500	1	2	
3500~4000	1	2	1
4000~5500	1	2	
5500~7000	1	2	
>7000		1	
总计	10	16	10

当然,分析竞争时需要考查的数据很多,这里仅作简单示例(有兴趣的读者可以参考相关的其他书籍)。最终,通过一系列竞争品牌产品的型号、产品布局、功能参数、市场占有

率等信息的综合分析,得出相应的结论(见表3-4)。

表3-4 在不同价格档位时采用策略1与策略2后结论比较表

价格档位/元	策略1		策略2	
>7000	由于经济下滑不景气导致的7000元以上的价位段需求下滑,在消费力下行时欲在7000元以上高端突破不适宜,因此短期内不作为机会点	放弃	该价位段虽然由于经济原因有一定下滑,但是金额依然占据了市场较高份额。本企业产品需要占据一定市场份额,同时也要通过旗舰产品提升整体品牌形象	强攻
4000~7000	价位段高速增长,可以作为高端产品的过渡,先在这个档位做产品布局,站稳脚跟,再进一步上到7000元以上档位	进攻	价位段虽然有一定增长,但是市场空间依然狭窄,且并不是真正意义的高端,短时间内不作为重点	保守
2000~4000	档位具备领先优势,需要优化产品布局,夯实价位段优势	夯实	档位具备领先优势,需要优化产品布局,夯实价位段优势	夯实
750~2000	该价位段市场需求大,需要有产品确保整体规模不下滑	防守	该价位段市场需求大,需要有产品确保整体规模不下滑	防守
<750	市场空间有限,利润低	放弃	市场空间有限,利润低	放弃

3.3.2 产品操盘之"定"——产品路标

经过比较深入的市场洞察，我们对该国家的消费者需求、竞争态势、产品档位等已有了深刻的了解，并识别出了机会与挑战。因此，可以根据公司总部的战略路标来确定该国市场的产品路标。在3.2"产品操盘——战略盘：公司级产品组合操盘"一节中提到，产品路标的制定有一个"从下而上"再"从上而下"的过程，因此国家产品路标的制定参照公司总部的战略路标是可行的。

在制定国家产品路标时，容易犯的错误有：要么照搬照抄总部产品路标，要么盲目跟随竞品的做法。虽然这样做看似省事，但由于没有结合国家的具体特性，这样导入的产品很难取得亮眼的成绩。为了制定好国家产品路标规划，可以参照产品路标制定的"四定"原则来执行。"四定"即定价格档位、定目标竞品、定产品组合、定上市节奏。

1. 定价格档位

根据市场洞察的机会点，确定上市产品的价格档位。根据不同的价格档位和市场容量的差异，市场类型可以区分为纺锤形、正金字塔形、哑铃形、倒金字塔形，如图3-6所示。以纺锤形市场为例，这类市场中档价位段的市场容量最大，低端和高端需求量相对较低，因此在中档价位段应有足够的产品规划。

高档 >5000

中档 2000~5000

低档 <2000

纺锤形　　正金字塔形　　哑铃形　　倒金字塔形

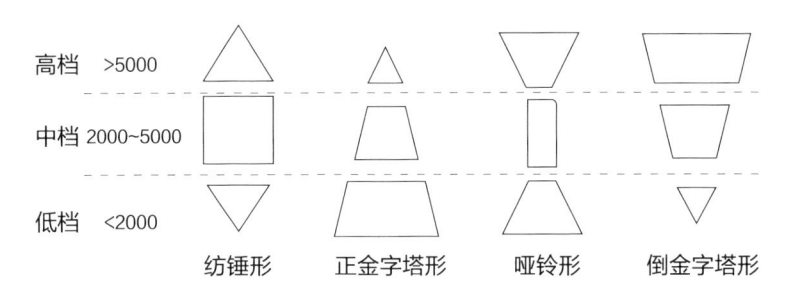

图 3-6　不同的市场类型示意图（单位：元）

2. 定目标竞品

找到在不同档位销售表现最好的品牌和产品机型，分析消费者选择购买这个型号的理由。如果在该价位段本企业产品要抢夺市场份额，就要看是否具备压制性的产品。如果有比竞品更具竞争力、更具压制性的产品，就可以进行相应规划；如果没有压制性的产品，则要从功能差异化、成本控制、营销投入等方面进行相应设计，总体原则是要确保比竞品有优势。只有打有准备的仗，在产品、资源上进行慎重斟酌、合理调整，才能够实现在该价位段的突破和销量提升。

3. 定产品组合

进行产品选择时要注意两点：一是要聚焦，少即是多，SKU 过多可能会产生 1+1<2 的效果，有竞争力的大单品在资源聚焦的情况下突破的可能性更大；二是要实事求是，如果公司战略路标不能满足国家市场的需求，要不断推动公司进行路标规划调整，以满足国家市场的需求（参看 3.3.3 案例即为国家产品路标规划举例）。

4. 定上市节奏

根据代表处所负责国家的具体情况安排产品上市 Day0 的节奏，踩准时间点，抓住销售旺季及节假日，确定每个产品的上市时间点和生命周期管理节奏。

一是重点明星产品发布会时间点建议安排在旺季开始前 1~2 个月。在旺季前发布可预留充足的时间进行市场预热（广告投放、媒体评测、消费者教育）、渠道铺货（经销商备货、终端陈列）、价格调整等，确保旺季时产品已进入成熟推广阶段，最大化销售窗口。

二是产品上市要分布在不同月份，尽量不要集中上市，以免分散资源导致焦点不突出。若多个产品同期上市，可能导致资源（市场预算、销售团队精力、供应链产能）被分散，削弱每个产品的推广力度。分阶段上市的核心是资源聚焦而非资源分散，即每个时间段集中资源主推 1~2 款产品，形成波浪式节奏，而非平均分配。

三是根据代表处所负责国家的情况安排产品上市节奏，不必顾及或担心其他国家或被其他国家的产品上市打乱节奏（例如，华为 Mate70 系列在中国 2024 年 12 月份上市首销，那么在欧洲可以安排在 1 月份发布新品，2 月份开展首销，这也是可以的）。

产品路标（产品地图）样例

路标中需要有每个产品的上市、退市时间点，价格带，数量及主要规格等信息，如图 3-7 所示：

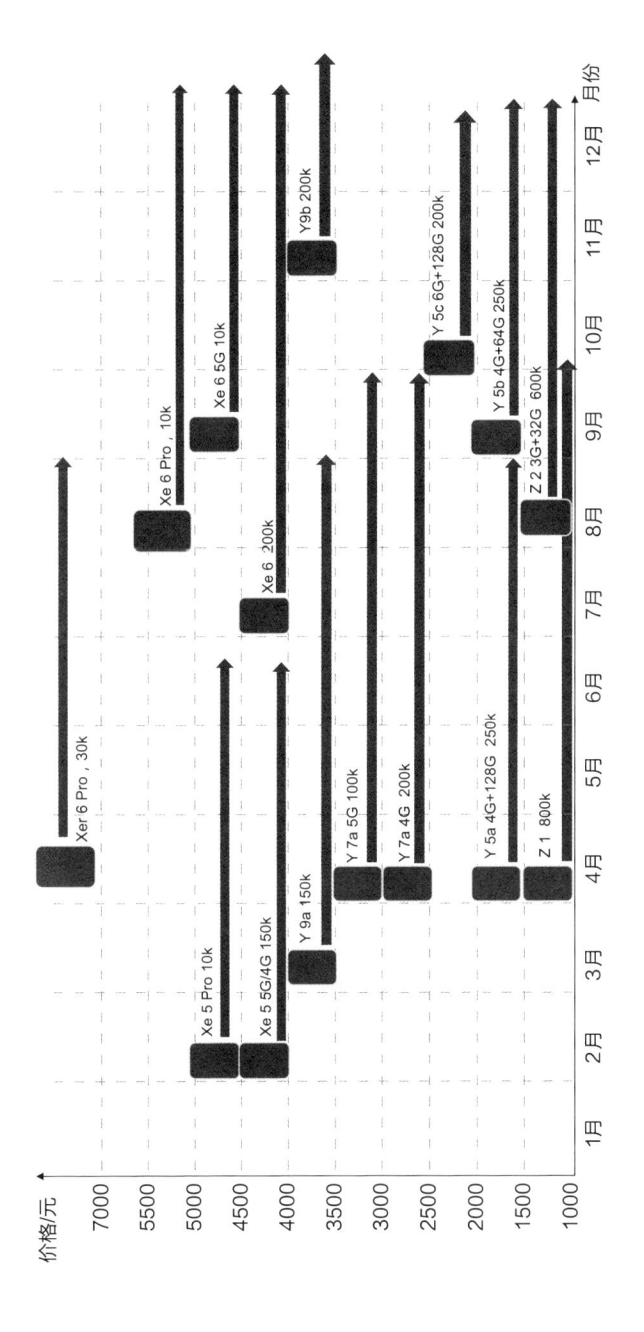

图 3-7 产品路标示意图

3.3.3 案例：国家产品路标规划

一杯敬梦想，一杯敬远方
——记俄罗斯全场景产品中心的拓荒之旅

阿 五

"你为什么会想去海外？"两年前，我做完这个决定后，这是被问到最多的问题。在同事眼中，我是个比较佛系的慢性子，突然要奔赴海外，而且是去有着"战斗民族"之称的俄罗斯，难免让人惊讶。但是，我总觉得不去海外感受和挑战一下是很遗憾的，内心的满腔热血让我憧憬着在异国他乡开启不一样的人生，去一线真正感受下"钢铁是怎样炼成的"。

于是，我一鼓作气离开南国的暖阳，踏上征程，一路向北，到达了那个有着更大想象的舞台。只是没想到，迎接我的，是长达半年两人"相依为命"的日子。

两人为伍，吹响俄罗斯产品中心拓荒的前哨

近两年来，俄罗斯终端业务迅猛发展，并已在"1+8"（1代表手机，8代表平板电脑、PC、VR设备、可穿戴设备、智慧屏、智慧音频、智能音箱、车机）品类上构建了较高的市场地位。但随着竞争环境发生剧烈而频繁的变化，一些本地化问题暴露出来，如缺乏对本地消费者的行为习惯研究，本土生态拓展洞察解决方案与总部衔接存在短板……一线业务团队意识到，只有牢牢扎根本地才能应对危机，因此，与产品线沟通，提出要参考其他区域经验成立产品中心，补齐上述能力，共同打赢今后的硬仗。在 CBG 全球路标与区域产品管理部做路标规划的我，也就是在这个背景下，作为产品中心的"前锋"，被派到俄罗斯。

2019 年 8 月底，我和另外一个兄弟小鹏一起，顺利抵达莫斯科。规划对于俄罗斯是新鲜的血液，周边同事也很好奇规划是做什么的。对于我们规划二人组来说，回答这个问题最好的方式就是尽快完成转身，用有价值的输出来证明自己。

但是初来乍到的我们还来不及逐步摸清情况，压力就已经透传过来了——2019 年 9 月，俄罗斯地区部在做 2020 年业务计划研讨时，提出华为大部分中低端手机不支持 NFC（Near-field Communication，近距离无线通信）的特性，缺失"移动支付"的功能可能会对用户体验造成极大的影响。业务侧将需求提给我们时，当面就问："你们能不能搞定？"

虽然我们立马坚定地回答："没问题，我们深入研究一下。"但心里还是有些许的忐忑。当时，其他区域并未提出过类似的强烈诉求，没有任何经验可以借鉴，我们该如何去解决这个难题？

"俄罗斯虽大，但我们已无路可退，身后就是莫斯科。"就像《莫斯科保卫战》里的这句台词，我们两个人必须扛起重任，发挥价值，也正好通过一次漂亮的战役，把我们产品中心的地位打出来。

面对全新的挑战，我跟小鹏着实有不小的压力。好在我们规划主管很快就出差到访，给我们做了工作方向和分工上的指导，还不忘给我们加油鼓劲，让人心里暖暖的。我是路标出身，小鹏是创新解决方案出身，凡是和用户、产品组合相关的都由我来搞定，凡是和解决方案相关的，不管是软件的、生态的还是软硬结合的解决方案，都由小鹏来负责。按照我们各自擅长的领域来搭配组合，两个人也可以成为一支"指哪打哪"的铁军。

主管临行前的一句"俄罗斯生态基础好，希望你们能帮助一线团队卖好HMS（Huawei Mobile Services，华为移动服务）产品，支撑好全场景销售"，让我们感受到了组织对我们的期待，明晰了方向，心里也更踏实有底了。

迎着莫斯科的朝阳，带着信心与力量，我们成为"战斗民族"的一员。

体验至上，做当地消费者的"眼"和"嘴"

在国内，消费者大多是用微信、支付宝扫码支付。然而在俄罗斯，二维码并不是主流支付方式，大家更多是使用手机的NFC功能来近距离支付，使用到的APP也都是手机厂家自带的支付方式。我跟小鹏初来乍到，当时还不了解情况，赶紧先到公司园区的咖啡厅、小卖部等地方转悠，亲眼看一看，大家都是怎么支付的。我们一下真切地感受到，确实有这个差异点。但是，园区之外的真实情况到底如何，我们心里还是没有底。

好在，在机关时，我曾经有幸参与编写产品中心角色认知系列的一门课程《本地价值需求管理与落地的责任者》，对于什么是本地价值需求，如何挖掘、识别、实现、验证和复盘本地价值需求有一些方法论和成功案例指导。

于是，我和小鹏开始了有条不紊的头脑风暴，把能想到的问题一股脑都列了出来。

首先，明确需求和价值：消费者的依赖程度到底如何？不同档位需求是否一样？如果新产品不支持支付，用户是否会买单？

其次，寻找解决方案：有没有本地主流替代方案？主要绑定哪些银行？我司短期和长期的本地解决方案（三方 Pay + Huawei Pay）如何规划？

最后，推动本地内容提供商和机关落地：硬件上哪些产品需要增加器件？软件上 Huawei Pay 如何适配本地内容提供商和银行接入？生态上如何推动本地三方 Pay 预装和开发？

要回答如此多的疑问，最有效和快速的方法就是开展一次全方位的消费者调研。

在调研上我们兵分两路，我们一方面向云服务的同事求助，帮我们打通调研通道，针对目标群体发放调查问卷；一方面抓紧时间去实地探访，贴近消费者的日常生活，真正用"眼、嘴、脚"去感知消费者的声音。

其间也发生了很多难忘的事情。记得当时小鹏提议"我去一趟麦当劳数人头吧"，于是在 9 月 10 日的夜间 10 点半，他点了杯可乐坐在角落，一个一个数了起来。一小时内，到店就餐共 46 人，使用移动支付的人员比例约 45%，其中一人支付失败改用银行卡，NFC 失败概率 5%。他还总结了移动支付人群比例，年轻女性＞年轻男性＞中年男女＞老年人。到现在，我们偶尔还会调侃他是"人肉打点机"。

那时刚好也在招聘本地员工，我们给两位应聘者布置了一个本地移动支付 Vlog 的课题。两位本地应聘者很有想象力，虽然没有过拍摄 Vlog 的经验，但是通过快速学习和讨论对齐，很快就有了思路，开始了人生中第一支 Vlog 的拍摄。"去体验下世界上最美的莫斯科地铁吧，看看支不支持移动支付"，大家踏上了去往红场、莫斯科罗蒙诺索夫国立大学等地方的地铁，在各个环境下去感受移动支付无处不在的便捷。

通过深入观察拍摄各个常用的支付场景，在街头找本地人面对面访谈的方式，不断了解本地消费者的移动支付习惯，获取了很多有用的调研信息。而 Vlog 这种形式比较鲜活，配合真人出镜，也更加直观地呈现俄罗斯的移动支付现状。

与此同时，云服务也成功开通了调研通道，NFC 支付主题的调研问卷通过 APP Gallery 消息推送到一个个手机用户手上。本地用户的参与热情之高超出了我们的预期，不到半小时就收到了几万份反馈，直接撑爆了服务器……

与我们从当地银行公开财报里收集到的数据一致，在俄罗斯，非接触支付的比例在逐渐增高，需求明显上升。我们根据收到的调研结果分析，不管是什么档位的机型，消费者对 NFC 特性的依赖程度都非常高，每天都使用移动支付的用户比例超过六成，对移动支付的需求很强烈。如果不及时满足这个需求，将会严重影响消费者的使用体验，支持移动支付刻不容缓。

兵分两路，征服横在面前的大山

在需求逐步清晰的同时，技术出身的小鹏也在积极与本地内容提供商交流替代方案的可行性。但当看到所有解决方案的时候，更大的两个难题摆在了我们面前：首先，硬件上，我们仅有中高端机型支持 NFC，中低端机型不支持 NFC，需要推动机关纳入需求；其次，软件上，短期内不管是本地三方 Pay 还是 Huawei Pay，都无法提供最完美的解决方案。

基于此，我们提出了短期、中期、长期三步走策略。短期采用本地支付 APP 预装过渡，中期以合作银行的钱包为主，长期采用 Huawei Pay 相应新方案逐步替代预装，加上合作银行的钱包。

每个阶段采取不同的解决方案，同时匹配区域的华为手机销售节奏，在地区部达成一致。其中，最关键的是要与俄罗斯当地的 Top 银行达成共识，推进其跟华为联合开发 NFC 支付应用。

小鹏在国内曾经负责游戏的解决方案，经常跟外部公司打交道，虽然从来没做过业务拓展工作，却非常有客户思维。他自然而然地成为跟客户沟通的一员，跟 GTA（Go to APP Gallery，应用拓展上架）、云服务、BD（业务拓展）一起组成四组一队，默契配合，进行客户拜访。

从客户公司一楼的会客区，谈到楼上的会议室，更熟悉了甚至一起在食堂边吃边聊。每次沟通的时间越来越长，交流的内容也愈发深入。他们先是说服了董事长秘书，接着获得了 CTO 的认可，最后是跟董事长直接谈判。当然，所谓合作，从来不是单方面有诚意就足够的。除了支持在华为手机预装客户钱包 APP 之外，我们还帮助客户洞察自身痛点、改进点，并提出双赢的解决方案，甚至将线上推广和线下广告都一股脑打包了。专业、责任心让客户对我们的信任更进了一步，于是同意将概念转化为可落地的商业举措。

在小鹏他们努力赢得客户支持的同时，2019年12月底我回国出差，代表俄罗斯移动支付项目组，正式向机关云服务及产品线汇报求助。基于我们深入的需求洞察和清晰的本地解决方案规划，机关清楚地看到并理解了俄罗斯业务的痛点，也决定给予我们充分的支持：将俄罗斯作为海外支付业务的最高优先级国家进行保障，开发Huawei Pay支持移动支付的相关方案；同时，在路标会上决定在2020年下半年上市的手机产品上增加一个版本，满足俄罗斯移动支付需求。

2020年7月，与Top银行合作推出的钱包支付一上线，短短10天内就覆盖了百万级的华为手机用户，大家纷纷升级版本，抢先体验快捷的NFC支付。至此，可以说是打响了俄罗斯产品中心的第一枪。

面向未来，同路人一起走得更远

"移动支付"开启了一个序章。俄罗斯产品中心也逐渐壮大起来，主管明哥和同事远见的加入，让我和小鹏感受到了更强的力量和团队的温暖。

虽然受到疫情影响，我们不得不经历了长达一年的两岸（中国、俄罗斯）、三地（莫斯科、明斯克、深圳）远程办公的生活，只能在视频中见面。但团队的战斗力非常强悍，围绕路标、用研、产品MKT、生态、舆情与体验、产品TTM（Time to Market，产品按时上市）体系化支撑一线销售团队。

我们产品中心设计开发部署的本地应用市场补充解决方案上线后覆盖27%的HMS用户，帮助生态度过适应期，支撑HMS产品快速跨过10%份额；

HMS手机企稳后，通过深入复盘和本地市场&用户研究，识别高价值需求，拉通机关产品线定义第二代HMS产品。主打快充和四摄卖点实现从高到低拉通，产品上市后迅速成为GFK（第三方市场研究报告）的TOP产品；

+8品类上，智能表的破局、耳机的出端、大屏和音响的本地合作、PC和平板生产力场景的本地构建……

如今，我们终于从视频中走到了一起，还有一群可爱的本地员工……我们来自五湖四海，背景各不相同，但我们愿意在一起，彼此靠近，拼成一幅色彩斑斓、和谐的画卷。

当初布下的两粒种子在这片土地扎根发芽，终有一天我们会成为擎天的金刚，撑起一片天地，走出阴霾，靠近光明。正如团队达成共识的Slogan一样：打破边界，敢于设想；勇于承诺，付诸行动！

海外精彩，我在俄罗斯的生活

如果问我来俄罗斯见到最多的是什么？应该就是不同颜色的"洋葱头"。它们在俄罗斯大小城市中星罗棋布，带来强烈的视觉冲击和心灵的震撼。疫情前，我趁着节假日去过莫斯科红场最有名的地标建筑——圣瓦西里大教堂，也去过苏兹达尔小镇、新耶路撒冷修道院，用手机记录了看到的美景。

俄罗斯人非常热爱运动，基本上每隔几百米就会有一个健身的地方，户外健身特别方便，随时可以开练。公司宿舍附近就是后山，一到周末，就会约上同事们一起去跑步、骑自行车。

可惜，一场疫情改变了我们的生活轨迹，居家隔离成为常态。希望疫情赶快过去，俄罗斯是一个特别值得深度游的国家，彼得大帝下令建造的圣彼得堡、追光圣地的摩尔曼斯克，举办过冬奥会的索契，以及那美丽的贝加尔湖和分割欧亚的乌拉尔山脉，我还希望用脚步丈量更多地方……

看过那么多前辈在海外的日子，我更是充满感慨：只有努力地工作，更精彩地去生活，才不枉这段不一样的异国经历。有一天我可能会带着妻儿，自驾再走一次俄罗斯，欣赏那迷人美景的同时，也带他们看看那些我曾经为之奋斗、留下酸甜苦辣记忆的地方。

——本案例引自《华为人》，作者阿五

第 4 章

产品操盘之战术盘

4.1 产品操盘：单产品 IPMS 操盘

4.2 产品操盘之"操"——上市操盘

4.3 产品操盘之"营"——运营管理

4.4 产品操盘之"盘"——复盘管理

4.1 产品操盘：单产品 IPMS 操盘

国家产品路标制定后，接下来就是要将每一款单产品的操盘运作好，确保每一款产品能够迅速达成市场目标，成为爆款，实现销售增长（图 4-1）。累积小胜，这样才能赢得大盘的胜利。产品操盘的本质就是：Right Product, Right Time, Right Launch。

将**最好的**产品，在**最适合的**时间

以**最优的**价格，通过**最有效**的渠道

销售给**最多的**消费者，达到**最佳的**零售曲线

在本章节将以一款产品操盘的案例来展示单产品操盘 IPMS 流程的运作过程[①]。

产品操盘				
大盘		小盘		
产品组合操盘		单产品操盘 IPMS		
Insight 辨：市场洞察	**L**ayout 定：产品路标	**F**ormulate 操：上市操盘	**O**perate 营：运营管理	**R**eview 盘：复盘管理
洞察"五看"	路标"四定"	上市"五定五策"	"攻守收"三阶段	"两"复盘
• **看**宏观（国家概况、营商环境、行业趋势等） • **看**市场（市场空间、渠道模式等） • **看**竞争（竞争分析、产品档位、零售覆盖等） • **看**用户（消费者洞察） • **看**自己	• **定**价格档位 • **定**目标竞品 • **定**产品组合 • **定**上市节奏	• **定**基石（目标定位、定卖点输出） • **定**价 • **定**量（交付计划） • **定**投入（营销费用） • **定**节奏 • 营销**策略** • 渠道**策略** • 零售**策略** • 电商**策略** • 服务**策略**	**攻**（秀一场发布会；打一场首销战役） **守**（销售数据监控、交付计划调整、调价） **收**（退市管理）	• 首销复盘 • 生命周期复盘

图 4-1　单产品 IPMS 操盘在产品操盘中的位置

---

① 本案例非真实案例，仅为说明操盘流程和方法而编写，为了讲透每一个模块，也会有一定加工，不能应用于企业的实际操作。

案例背景材料

2016年，X公司不满足于中端市场及中端产品的业绩表现，决定向高端市场发起冲击，通过一款旗舰机型Xer 6手机来"攻入"高端市场，同时借助营销手段提升品牌形象。

·国家市场类型：金字塔形市场；运营商与公开市场比例约为3∶7。

·产品档位：3000元以上高端市场需待突破，以带动全系列产品的销量提升。

·发布会及首销：发布会于12月6日举行，首销日为12月12日。

·销售渠道：线上（自有商城+第三方电商平台）、线下（公开渠道+运营商渠道）。

4.2 产品操盘之"操"——上市操盘

4.2.1 上市操盘之"五定"

4.2.1.1 定基石

产品的目标定位以及卖点是这款产品的基因，如果先天有瑕疵，后期再努力也会留有遗憾。

一、产品定位

实际上，市场洞察后的结论输出即为市场机会点及消费者需求点，同时也是产品定位的依据。通过市场洞察，我们已清楚地知道"我是谁"（who）、"我要去哪里"（where）、"我要怎么去"（how）。是提出独特的价值主张以强调与竞品的区别，还是寻找市场的空白机会点进行突破，还是在同档位上与竞品拼综合能力？这些选择和决策都将决定公司业务发展的市场策略。在大的市场策略框架下，应用STP①模型，找准产品定位。

STP模型是市场营销中的经典分析模型，全称为Segmentation（市场细分）、Targeting（目标市场）和Positioning（定位）。通过STP模型，企业可以制定有效的营销策略，把握商机。

· 市场细分：是将整个市场划分为不同的群体，通常根据地理、人口统计、行为或心理特征等因素进行划分。通过市场细分，企业可以更好地理解不同客户群体的需求和偏好，从而制定更有针对性的营销策略。市场细分的原则要遵循可衡量性、可进入性、可盈利性。

· 目标市场：在市场细分的基础上，企业需要选择最具吸引力的细分市场作为目标市场。这一步骤需要考虑市场规模、增长潜力、竞争情况等因素。通过确定目标市场，企业可以集中资源，提高市场进入的成功率。

· 市场定位：是确定产品或品牌在目标市场中的独特地位，使其与竞争对手区分开来，占据消费者心智。通过明确的

---

① STP：Segmentation，Targeting和Positioning的缩写，意为市场细分、目标市场和定位，是市场营销领域的分析模型。

市场定位，企业可以在消费者心中树立特定的形象，从而增强品牌的市场竞争力。定位的策略有填补定位、并列定位、对抗定位及重新定位。

（1）填补定位策略：是指企业将产品定位在目标市场的空白部分或未被竞争对手占领的区域，以避开直接竞争，迅速在市场上站稳脚跟。例如，企业可以通过分析市场空缺，开发具有独特卖点的产品来填补这一空白。

（2）并列定位策略：是指企业将产品定位在现有竞争者附近，服务于相近的顾客群体。这种策略适合实力有限的企业，通过与竞争对手和平共处，争取市场份额。

（3）对抗定位策略：是指企业选择与现有竞争者争夺同一细分市场的位置，通常用于实力较强的企业。这种策略要求企业能够提供比竞争对手更具竞争力的产品或服务。例如，可口可乐与百事可乐、瑞幸咖啡与星巴克就是对抗定位的代表。

（4）重新定位策略：是在市场环境变化或原有定位不再有效时，通过调整产品特性、品牌形象等方式，使目标客户对产品产生新的认识。例如，企业可以通过改变包装、广告策略等方式重新定位产品。

二、定卖点

1. 卖点提炼（FABE 模型）

FABE 模型是一种用于销售和营销的分析框架，由美国俄克拉荷马大学企业管理学博士郭昆漠提出。该模型的主要作用是通过四个关键环节——特征（Features）、优势（Advantages）、利益（Benefits）和证据（Evidence）来帮助销售人员更有效地向客户展示产品价值,从而提高成交率。

FABE模型不仅适用于销售领域,还可以用于提案书、商品设计中,用于培训过程中,甚至可以作为与客户进行沟通的指导方式。通过FABE分析框架,可以简化概念整理,构建清晰的产品故事线,并最终将故事转化为信息和数据。其核心在于通过系统地展示产品优势、满足客户需求、提高客户满意度和制定有效策略,使销售过程更有针对性和高效性。下面以一款手机产品为例示范FABE模型的应用。

·特征:产品的物理属性,例如材质、外观、功能等。这款手机使用的是高清屏幕、技术参数最先进的摄像模组、大容量电池等。

·优势:由产品特性带来的独特优点。如拍出的照片更清晰,支持高速抓拍,具有超长待机功能等。

·利益:从使用者(用户、消费者)的视角发现带来的利益或满足的需求。如使用这款手机进行拍照可以享受高清画质、抓拍图像不模糊所带来的愉悦体验,高频使用一天也不用充电,省去了到处找充电器的烦恼。

·证据:提供证明或支持产品优势的依据,如技术报告、认证、用户反馈或市场数据等。如不间断使用手机的待机时长测试报告;通过了某些专业机构的测试或获得了某机构的认证等。

2. 卖点梳理排序(KANO模型)

KANO模型是对用户需求进行分类和优先排序的方法,该模型是由东京理工大学教授狩野纪昭(Noriaki Kano)发明的,旨在通过分析用户需求对用户满意度的影响，体现产品性能和用户满意之间的非线性关系。该模型将产品属性分为五种类型：必备属性（M）、期望属性（O）、魅力属性（A）、无差异属性（I）和反向属性（R）。

·必备属性（Must-be Quality, M）：这类需求是用户认为产品"必须有"的属性或功能。如果这些需求没有得到满足，用户会感到非常不满意，甚至可能选择不使用该产品。

·期望属性（One-dimensional Quality, O）：这类需求是用户希望产品具备的特性，但并不是"必须"的。如果这些需求得到满足，用户会感到满意；反之，则会感到不满意。

·魅力属性（Attractive Quality, A）：这类需求是超出用户预期的特性，提供这类需求可以显著提升用户的满意度，即使这些需求未被满足，用户的满意度也不会因此下降。

·无差异属性（Indifferent Quality, I）：这类需求对用户的满意度没有明显影响，无论是否满足这些需求，用户都不会有太大的反应。

·反向属性（Reverse Quality, R）：这类需求与用户的满意度呈反向关系，即提供这类需求反而会使用户的满意度降低。

利用KANO模型，企业可以更好地理解用户需求，并根据这些需求的优先级进行产品功能的开发和优化，进行产品卖点的梳理和排序，从而精准锁定消费者的买点，提高用户满意度和产品的市场竞争力。KANO模型图如图4-2所示。

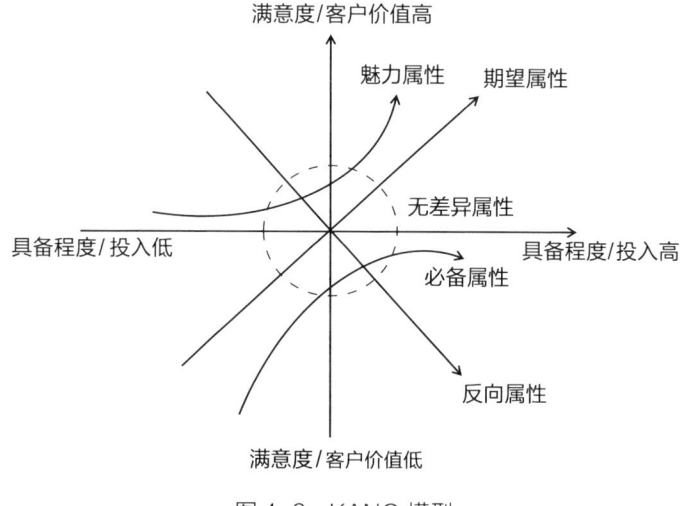

图 4-2 KANO 模型

KANO 模型的两大原则

·优先原则（M>O>A>I）：选择属性的顺序是，必备属性优先于期望属性；期望属性优先于魅力属性；魅力属性优先于无差异属性。

·组合原则（M+O+A）：一个有竞争力的产品应该由三部分组成——必须包含或满足所有的必备属性且"零"缺陷，再加上比市场领先的竞争对手表现更好的期望属性，以及具有差异化的魅力属性。

KANO 模型易用口诀

必备属性"**哦**"+期望属性"**哇哦**"+魅力属性"**哇塞**"（Oh-Wow-Awesome）

KANO 模型应用举例

手机：无线上网功能、操作系统稳定性等是必备属性；屏幕色彩逼真、摄像头高清等是期望属性；超级快充、隔空传送手势功能等属于魅力属性。

餐饮：美味的食物是必备属性，快速的服务是期望属性，饮料畅饮是魅力属性。

永艺，是中国椅业第一股，其旗舰产品永艺撑腰椅连续三年全球销量第一，就是良好应用了 KANO 模型：

·必备属性"哦"（Oh）：满足座椅基本功能需求，工艺和 CMF 零缺陷；

·期望属性"哇哦"（Wow）：腰部支撑（撑腰准、撑腰全、撑腰稳）；

·魅力属性"哇塞"（Awesome）：魔术臂（可灵活调整，无论坐姿如何均可提供支撑）、首创三折叠魔毯搁脚（满足用户躺、盘、蹲、蹬、撑等多种需求）。

在这里需要注意的是，用户存在差异性，同一功能在不同的用户看来可能属于不同的属性。例如，无线上网功能对于拥有无限流量或者长期在外工作者来说可能是期望属性，而对于室内工作且希望无线上网的用户来说则是必备属性。因此，还需要明确细分市场下的目标人群，再尝试用 KANO 模型来分析需求和排列卖点。另外，由于用户需求具有发展性，同一功能也可能存在不同属性的切换。例如，快充一开始可能属于魅力属性，但随着时间推移，可能会变为期望属性，甚至是必备属性。

3. 卖点包装

卖点经过提炼及排序后，我们已经明确了面向消费者和面向推广传媒的核心卖点和传播点。接下来，最重要的工作就是做好卖点的包装。就如同人穿衣一样，"人靠衣装，佛靠金装"，通过重视外在形象，我们可以更好地与世界交流，提升自我价值。卖点包装也是如此，需要通过恰当的语言和表达方式，将产品的独特性以及给消费者带来的价值，以消费者最能接受的方式传递给他们，从而引起消费者的兴趣，实现最终的销售转化。

卖点包装可以参考《让创意更有黏性》一书中的"黏性创意产生"的 SUCCESs 原则，即 Simple（简单）、Unexpected（意外）、Concrete（具体）、Credible（可信）、Emotional（情感）、Stories（故事）。所谓"黏性"，就是让创意能够被人理解和记忆，并产生持久的影响，即达到令人过目不忘的效果。这不正是我们向消费者宣传卖点所希望达到的效果吗？那就是让卖点信息简单明了、朗朗上口，不走寻常路并同时引发消费者兴趣，真实可信，让人关心在意，然后马上行动起来。

· Simple（简单）：卖点信息要反复提炼、精简，因为面向的是消费者，所以越简单、直白、易懂越好。例如，"好空调，格力造"，简洁有力地突出了格力空调的高品质和专业性，使消费者对格力空调的质量产生信任和认可；又如华为P30搭载超感光徕卡四摄，"瞬间拉近美好"，清晰地传达了变焦功能。

· Unexpected（意外）：不走寻常路，让消费者感受到突破惯性的强烈反差，激发他们的好奇心。例如，"瓜子二手车，不让中间商赚差价"，这与惯性思维不同，引发了消费者的兴趣；又如华为 P30"身处黑暗也能光彩四射"，同样打破了常规认知。

·Concrete（具体）：将抽象的事物具体化为可量化的、实在的描述，如数据、实际案例等，让消费者可以想象和感受。例如，"戴森吸尘器强大吸力，可以吸附 99.97% 小至 0.3 微米的微尘"，将强大吸力具象化，使消费者能够直观理解。

·Credible（可信）：通过专业认证、用户口碑、明星代言等方式背书，让消费者感到真实可信任。例如，"国酒茅台，1915 年巴拿马万国博览会金奖"，这一认证增强了茅台的可信度。

·Emotional（情感）：与消费者产生情感共鸣，有代入感、体验感，更易捕获消费者的心。例如，"钻石恒久远，一颗永流传"，这句广告语不仅传达了钻石的珍贵和永恒，还蕴含了对爱情的承诺和坚守以及美好的祝福，触动了消费者的情感。

·Stories（故事）：通过故事具体地描绘一个场景，让消费者在故事中自然而然地接纳产品并迫不及待地付诸行动。故事能够增强产品的吸引力和感染力。

总结起来就是：**让卖点听得懂、让消费者感兴趣、记得牢、可相信、很在意、马上买。**

以一款手机的拍照功能为例，应用 SUCCESSs 原则进行卖点包装：

·简单：专业影像，一拍即得。

·意外：夜拍效果令人惊艳，竟可拍到月球环形山。

·具体：使用全新传感器及新型算法，影像清晰超乎想象，放大 XX 倍后人物发丝的每一根都清晰可见。

·可信：XX 品牌专业光学摄像头，经过 XX 权威认证。

·情感：记录您与孩子一起探索星空的亲子美妙瞬间，留下珍贵回忆。

·故事：XX 著名摄影师带着我们这款产品拍摄了故宫的影像，将故宫的雄伟壮丽、古香古色之美展现得淋漓尽致，他的摄影作品还荣获了 XX 奖。

三、例：Xer 6 旗舰机的定基石

1. 产品定位

为喜爱科技商务的人群打造的时尚智能手机；Xer 6 手机——极限科技时尚旗舰机。

2. 主打卖点

极致优雅的外观 ID、高性能拍照、最新科技（如：不锈钢超薄外壳、窄边框超大屏幕、双摄、快充、高性能闪存、亮丽全高清显示屏等）。

3. 消费者画像

通过运用消费者地图模型（包括消费者生活态度、购机需求及使用行为等），对高端消费者进行分群，并结合定性研究，提炼出三类典型用户人群：

（1）性能效率倡导族

·31~45 岁男性为主，职场资深人士，有稳定的工作和收入，对生活中的事物有比较成熟的审美观；

·工作繁忙，有家庭责任感，社交活动有限；

·追求高品质生活，有一定的经济能力，对手机外观、配置及性能有较高要求，希望使用体验流畅，能够帮助提升工作效率。

（2）追逐科技新潮男

·20~30岁男性为主，学生或职场新人，受过良好教育；

·追逐潮流，喜欢个性时尚，乐于尝鲜，喜欢社交，热爱运动，生活随性；

·爱使用互联网，接受新事物能力强，对手机新技术新功能较为敏感，追求科技感。

（3）拍照社交时尚女

·20~30岁女性为主，学生或职场新人，受过良好教育；

·积极进取，喜欢拍照，注重社交；

·关注手机拍照功能，闲暇时与固定圈子内的朋友聊天、互动，购物前后喜欢讨论分享。

4. 产品组合

产品的配置、策略与渠道布局详见表4-1。

表4-1 产品的配置、策略与渠道布局表

产品组合	配置	策略	渠道布局
Xer 6	6G+128G	第一主推	全渠道
Xer 6 Pro	6G+128G	线下渠道	线下渠道
Xer 6 Pro+	8G+128G	树品牌	全渠道

5. 销售目标

保底 65 万台，冲刺 90 万台。

4.2.1.2　定价

我们知道，产品本身是具有价值的（即凝结在商品中的抽象人类劳动），我们制定的价格就是这种价值的货币表现。举例来说，如果产品价值是 100 元，那么价格应在 100 元左右浮动。这是理论上的价值与价格的关系，但在消费品定价过程中不能如此简单应用。手机的定价是一个复杂的过程，涉及多个因素，包括成本、市场需求、品牌价值、消费者感知价值以及竞争环境等。以消费者感知价值为例，在与消费者访谈沟通后，消费者会形成对产品的价值感知。如果产品的价格高于他们的这种感知价值，他们会认为不值，因此不太容易购买。但相反，如果他们感知的价值高于产品价格，那么他们会觉得太值了，太有性价比了，会觉得物有所值或物超所值，从而极易触发购买行为。因此，产品的定价是基于成本、竞争、品牌价值、目标市场等因素之间的妥协与平衡的结果。

产品定价需要了解的几个定义

·BOM 成本：产品所有物料的直接采购成本，即"物料清单成本"。例如原材料，外购零部件，包装材料等。

·产品成本：生产环节的直接总成本，即"制造成本"或"生产成本"，含 BOM 成本、直接人工（生产线工人工资）、制造费用（设备折旧、能源消耗）等。

- 财务成本：财务视角下的总成本，含生产及企业运营的总成本，含产品成本、研发分摊、管理费、财务费用、仓储物流费用等。

- 销售成本：产品最终触达消费者的总成本，即"完全成本"或"到岸成本"，含财务成本、销售费用（广告、渠道佣金）、运输、关税、售后成本等。

- 客户开票价：又称为 Invoice price（开票价格），是销售经理基于销售成本，扣除增值税和渠道前向返点后的结算价格。

产品定价的三种方法

- 成本定价：基于自身对利润的诉求，从成本出发，结合渠道空间，确定零售价。适用于品牌基础弱、营销预算少且市场竞争激烈的阶段。这里说的成本，指综合考虑产品生产、制造、运输、存储和销售费用等的总成本。

- 竞争定价：根据市场竞争对手的定价，确定零售价。适用于产品竞争对抗阶段，在相持情况下，某一品牌针对竞争对手通过高配同价或同配低价的方式，打破僵局，改变竞争态势，获得市场竞争优势。

- 价值定价：基于为客户所创造的价值或客户能感知的价值进行定价。适用于品牌积累了一定势能、市场份额后，向高端市场冲击的阶段。

定价策略（不同阶段的定价）

- 市场切入期：高配低价。通过高性价比、高举高打的策略，迅速打开市场局面，抢夺市场份额。

- 市场增长期：高配同价。在具有一定品牌声量和消费者基础后，通过合理的定价站稳市场，保持市场份额。
- 市场成熟期：高配高价。经过长期的产品、营销、口碑积累，品牌已获得消费者认可，通过高配高价，为消费者提供更有价值的产品，企业也获得更高利润。

定价需要注意的事项

- 要充分考虑流通链路中各层级的利润空间：产品在厂家—总代理—分销商—零售商—门店—消费者的链路中，每一层级的价格空间都要进行合理设置，不仅是买入价和卖出价的价差，还要考虑各种费用的预留，例如产品出口海外的场景、经销商的销售返点、后续产品调价空间等。从BOM成本价格出发一直到街价（RRP）要计算清楚。扣除增值税（VAT[①]）和消费税后，全球的街价尽量拉通。不同的渠道模式有不同的利润空间，零售商利润要高于渠道分销利润。
- 要全盘考虑产品全生命周期损益：对产品量价进行预估，营销费用、渠道激励费用、零售提成等各项费用投入都要考虑进去，反复验证街价的合理性，追求市场价值和利益的最大化。

定价重要性

产品价格是产品在市场中的占位以及在消费者心中的心理占位。如果不匹配，就不会被市场以及消费者所接受。因此，产品的定价要考虑成本、竞争、消费者、公司的战略目的

---

① VAT：Value-added Tax 的缩写，意为增值税。

等因素。如果定价失误，对该产品来说就是一场灾难。华为初入公开市场时，由于经验不足，P1 的上市操盘就吃了亏。

在产品定价上，P1 的零售价为 2999 元。由于华为不清楚国内市场的手机销售规则，给渠道商预留的利润空间不够，无法获得渠道支持，价格很快降到了 2000 元以下。另外，Ascend D1 发布时，P1 还在销售期。传统渠道商认为，上架 D1 会影响 P1 的销售，于是拒绝 D1 进入渠道。那时候，每一款手机销量都低于预期，大量的资金成为沉睡在仓库的元器件和成品。

上面这个简短的小案例包含了太多内容，充分说明了**定价、控价、调价、渠道管控、新老产品平稳交替**的重要性。因此，产品操盘是一个系统性的工程，牵一发而动全身。

例：Xer 6 旗舰机的定价

作为高端市场切入期的第一款产品，采用高配低价策略，暂不考虑利润，利用成本定价法制定有竞争力的建议零售价，更多让利于消费者，"Wow launch"（打造让消费者惊喜的上市，眼前一亮，发出"Wow"的赞叹）。

考虑到成本、竞品配置及零售价、下一代 Xer 7 上市价格与 Xer 6 调价后形成的上下档位的配合等因素，因此制定 Xer 6、Xer 6 Pro 和 Xer 6 Pro+ 的 RRP 分别为 3399 元、3499 元、3799 元（图 4-3）。简易理解：定价要瞻前顾后，顾左顾右。

图 4-3　产品定价示意图

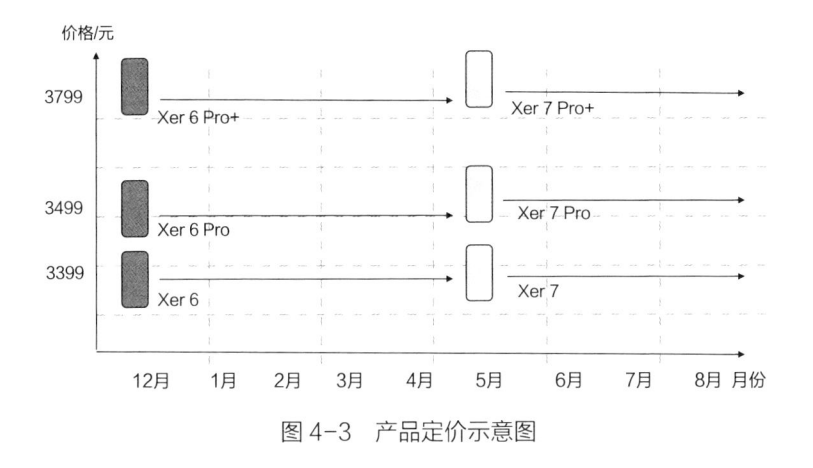

4.2.1.3　定量

定量是要确定产品在销售各个阶段的交付策略。上一代产品的销售表现可以作为本次产品定量的参考依据，同时也要考虑市场增长性以及竞争对手的相关产品布局。如果是新切入的产品档位，可参考其他档位产品的表现，同时考虑市场容量及竞争对手的情况。

- 上市销售爬坡期

可以根据首销产品数量需求、上市前 45 天客户的订单量以及客户 13 周滚动计划来确定数量。

- 稳定销售期

可以根据零售 Sell out 监控数据、客户 13 周滚动销售预测计划及 6 个月的滚动要货计划来制订和安排交付计划。因此，公司必须对产品的进销存（PSI）进行有效管理，同时也要参考营销计划及渠道的拓展计划等数据。

- 退市期

需要提前3个月锁定订单，同时依据13周滚动计划来制订交付计划。此时要关注产品的销售表现，谨慎应对，以免造成库存压力。尾货清盘如果处理不当，造成乱价、甩货，会对下一代新品上市产生不良影响，同时也会损害品牌的口碑。业界常规对尾货处理的方法是找到兜底的客户或渠道进行买断，在一定范围内进行消化。

一般来说，在中国市场，市场波动是有一定规律的。对这些规律的掌握，可以有效地进行销售预测和交付预测，再加上营销策略的加持，实现供销相对平衡。把握市场波动要考虑区域性（如区域的节日、大型活动等，如旅游节、泼水节等）和文化性等特点。中国市场大的波动节点包括：电商的双11购物节、年货节、京东购物节等；还有返校季、春节前、劳动节、国庆节、元旦等，都是销售较旺的季节，有"金九银十"的说法，形容的是销售旺季。当然，也有市场低谷期，一般是在三个节日（指特定节日，春节、五一及国庆节）的前夕或正月等时段，因为存在消费前置或后置的情况。

因此，定量和交付要经过系统的考量，根据现实的数据和多方面信息的整合，得出初步结论后再反复、持续地进行修正，不断迭代，以提升预测的准确率。

例：Xer 6 旗舰机的定量

（单位：万台）

销售预测	12月	1月	2月	3月	4月	合计
Xer 6	3	10	7	5	5	30
Xer 6 Pro	5	8	7	5	5	30
Xer 6 Pro+	0.5	1.5	1.5	1	0.5	5
合计	8.5	19.5	15.5	11	10.5	65

4.2.1.4　定投入

定投入就是定资源，不同的项目级别匹配的资源也是不同的，采取分层分级的资源管理原则。

一款产品上市，会确认项目级别，一般分为：S级、A级、B级、C级，级别依次降低。华为的Mate系列、Pura系列都是S级别的项目。资源包一般包含营销费用、渠道政策、零售政策、交付资源、样机资源、人力资源、合作资源等。在操盘项目开始时，先大致确定一个资源费用率，例如3%、5%或X%，随着项目的推进，逐渐明确并落实到具体的一个个类目中。表4-2为分级别的项目资源配置表（示意表）。

表 4-2 分级别的项目资源配置表

资源类目		各级别资源配置包			
类别	内容	S级资源	A级资源	B级资源	C级资源
品牌IP	品牌合作资源等	★	★	—	—
产品资源	联名	★	★	—	—
	周边	★	★	★	—
	定制等	★	★	-	—
营销资源	发布会	★	—	—	—
	开屏广告	★	★	★	—
	KOL①等	★	★	—	—
销售资源	双11	★	★	★	★
	线下地堆等	★	★	★	—
……	……	★	★	—	—

4.2.1.5 定节奏

企业产品的上市节奏是多方因素综合考量后的产物，制定上市节奏与多种因素有关：

·产品研发周期：从产品的概念设计、技术研发、样品制作到最终的量产，每个环节都需要时间，这直接影响了产品的上市节奏。

---

① KOL：Key Opinion Leader 的缩写，意为关键意见领袖。

- 生产能力与供应链稳定性：企业的生产设备、生产工艺、工人熟练程度等决定了产品的生产效率和质量；稳定高效的供应链能确保原材料及时供应、零部件质量可靠。
- 市场需求波动：消费者对家电的需求会随着季节、节假日、经济形势等因素变化，例如市场的淡旺季，夏季是空调旺季，电视在十一、春节前会热销，手机、电脑等在开学季前会有一波销售高峰……
- 市场竞争态势：竞争对手推出新品的节奏会影响本企业产品的上市节奏。
- 技术创新、政策法规变化、经济形势、产品生命周期的不同阶段、竞争策略等方面都会对企业的新品上市节奏产生影响。

总部层面单产品上市节奏

在综合考虑所有相关因素后，单产品操盘总部层面会有上市节奏安排，如全球发布会、各国发布会及各国家开售日期安排。如图4-4所示为某产品的上市节奏示意图。

图4-4 总部层面单产品上市节奏示意图

国家层面单产品操盘节奏（图 4-5）

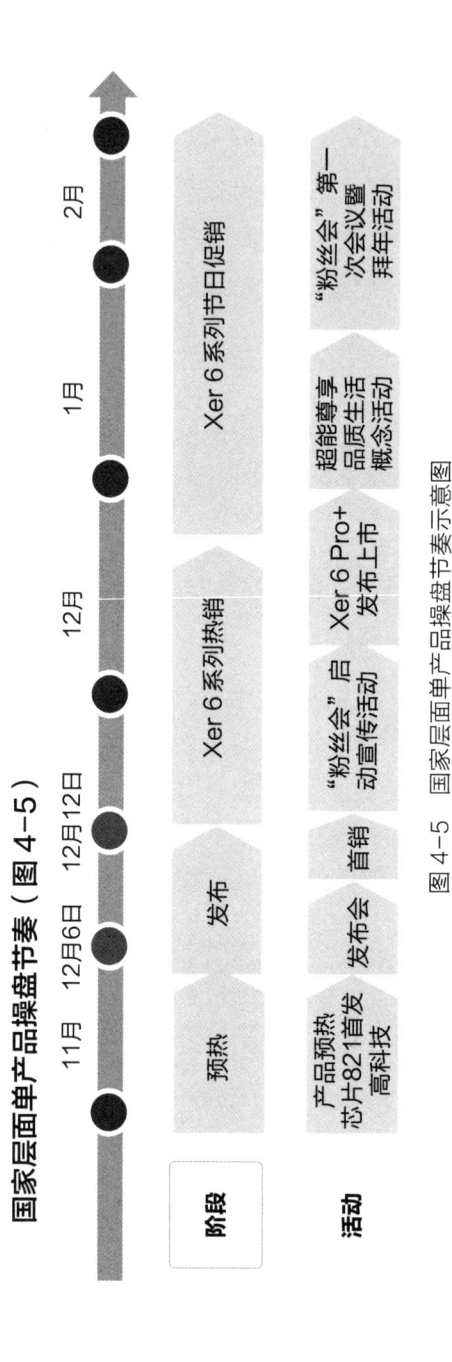

时间	11月	12月6日	12月12日		12月		1月	2月
阶段	预热	发布	首销		Xer 6系列热销		Xer 6系列节日促销	
活动	产品预热 芯片821首发 高科技	发布会		"粉丝会"启动宣传活动		Xer 6 Pro+ 发布上市	超能尊享 品质生活 概念活动	"粉丝会"第一次会议暨拜年活动

图 4-5　国家层面单产品操盘节奏示意图

4.2.2　上市操盘之"五策略"

4.2.2.1　营销策略

1. 通过洞察确定细分市场及目标人群

基于前期的市场洞察，Xer 6 系列的价值主张、核心卖点、细分市场及目标消费群体画像已明确并达成共识。在此基础上，我们制定了营销策略。三类典型用户人群将作为目标人群：性能效率倡导族、追逐科技新潮男、拍照社交时尚女。为了更有效地触达这三类人群，在有限的资源投入下实现收益最大化，我们需要对这三类人群的行为模式、触媒习惯进行分析，从而有针对性地制定营销策略。例如，图 4-6 所示为三类人群的媒介渠道调查结果。

通过调研可知在媒介投放上需要聚焦的渠道以及费用分配的比例安排。

2. 以洞察为基础，确定合适的营销策略与打法

营销策略三板斧：代言人、发布会、脉冲式营销。Xer 6 系列手机的定位是科技时尚旗舰机，拍照性能优越。因此，我们筛选出与产品定位最匹配、在本地有影响力的代言人，再使用符合本地表达习惯的方式，通过本地人感兴趣的媒介渠道进行传播，预热并加温市场；而后通过发布会和首销引爆市场，再通过一系列的脉冲式营销保持市场热度和声量，为热销营造良好的氛围。

特别需要注意的一点是，一定要营销聚力，让主体信息

图 4-6 目标人群媒介渠道分析

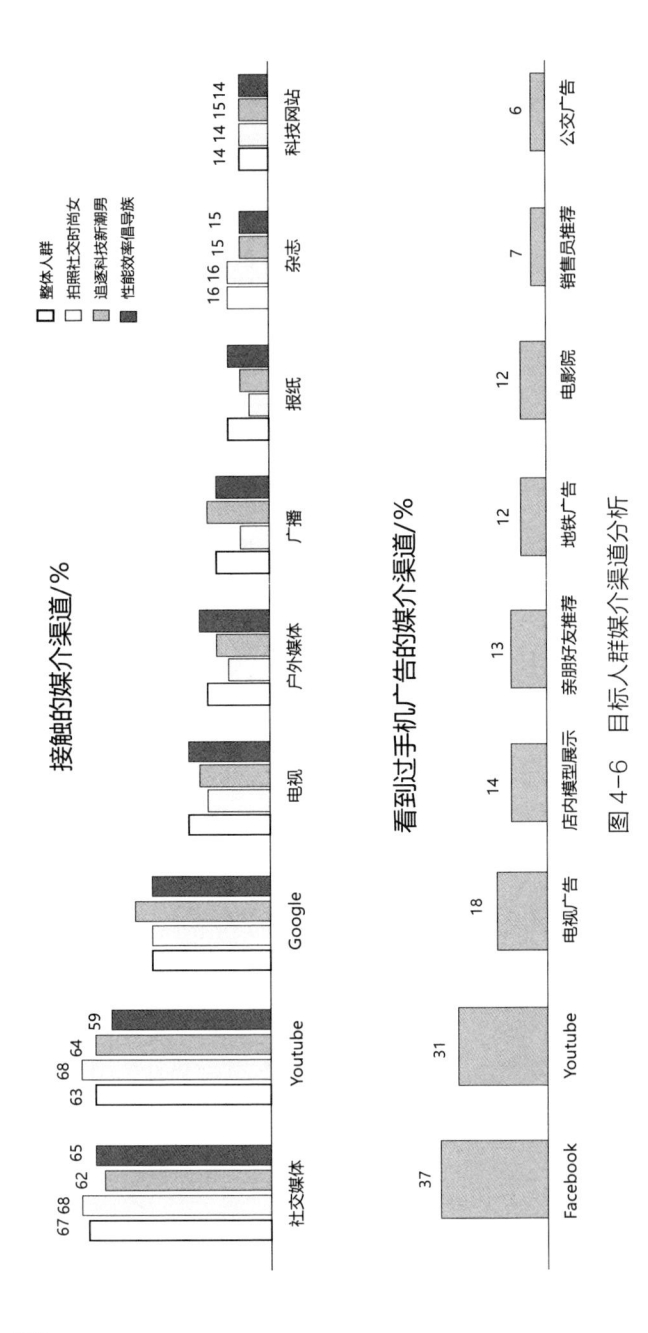

被无限放大。什么是主体信息？假如有 10 个卖点，在营销传播中不能胡子眉毛一把抓，全兼顾则无重点。我们需要做减法，让主体信息充分凸显。例如，这个国家的人喜欢拍照，细分的三类人群也关注拍照功能，同时拍照是手机的最重要功能之一。因此，拍照这个卖点作为主体信息可以不断传承，在下一代产品上市后也能唤醒消费者的记忆，实现品牌资产的积累。因此，拍照就是我们的主体信息。举例来说：在 PR[①] 和 SOCIAL（社交媒体）传播的内容中，需要表达 10 个卖点（拍照是其中之一）；在 KSP[②] KV 及产品视频中，则重点表达 4 个卖点（拍照是其中之一）；在 TVC[③]、主 KV 及产品 KV 中，突出表达 2 个卖点（拍照是其中之一）；最后落地的核心卖点仍是拍照功能，这也是我们营销的起点。

3. 制定产品的 Campaign 执行

Campaign 的中文解释是"战役"，指的是为实现一定的战略目的，按照统一的作战计划，在一定的方向上和一定的时间内进行的一系列"战斗"的总和。在营销领域中，Campaign 指的是一系列广告活动和营销活动，通常是为了宣传产品或服务而设计的，这些活动包括电视广告、互联网广告、社交媒体推广等。新产品上市推广需要打响知名度，那么营销造势必不可少。

---

① PR：Public Relations 的缩写，意为公共关系。
② KSP：Key Selling Points 的缩写，意为关键卖点。
③ TVC：Television Commercial 的缩写，意为电视广告。

（1）制定营销 Campaign 的原则

· 要有统一目标；

· 要有统一核心信息；

· 阶段性费用比例要突出；

· 要有 TOP5 的重点举措。

图 4-7 为产品营销 Campaign 作战地图。

阶段		Per-Launch 预热期	Launch Day 发布日	After Launch 上市期	Post Launch 长尾传播期
阶段目标		\multicolumn{4}{c|}{1. 统一目标}			
核心传播信息		\multicolumn{4}{c|}{2. 统一核心信息}			
费用比例		\multicolumn{4}{c|}{3. 阶段性费用比例突出}			
联合作战关键任务	公关				
	广告物料	\multicolumn{4}{c|}{4. 各模块TOP5重点举措}			
	数字营销				
	媒介				
	活动				
	渠道				
	零售				

图 4-7　产品营销 Campaign 作战地图

（2）制定营销 Campaign 地图时需要关注的事项

· 围绕销售曲线的规划，确定产品营销的投入；

· 围绕消费历程的转化，不同阶段采取不同的手段。

表 4-3 为消费历程中的不同阶段采用的不同营销手段。

表 4-3 消费历程的不同阶段采用不同营销手段

消费历程	营销手段	
知道	手段	占比/ROI[①]
	TV	—
	Radio	—
	OOH	—
	发布会	—
	报纸	—
	Social	—
	合计	—
了解	手段	贡献度
	官网	
	产品软文	—
	KOL	
	Social	
	SEM	—
	媒体沟通会	
	报纸/杂志	
	合计	—
比较	手段	贡献度
	评测	—
	Social	
	KOL	
	SEM	
	合计	

① ROI：Return on Investment 的缩写，意为投资回报率。

(续表)

消费历程	营销手段	
购买	手段	贡献度
	促销员讲解	—
	零售促销	—
	POSM	—
	路演	—
	合计	
复购/推荐	手段	贡献度
	CRM	—
	售后服务	—
	技术支持	—
	新机推荐	—
	合计	—

例如,在"知道阶段",通过TV(电视)、Radio(广播)、OOH[①]、发布会等营销手段让消费者知道这个产品的到来;在"了解阶段",通过产品软文、KOL、SEM[②]、媒体沟通会等方式让消费者了解产品;在"比较阶段",通过评测、KOL等方式让消费者通过比较,深刻认识到产品的卖点和优势;在"购买阶段",通过促销员讲解、促销活动、POSM[③]及路演等手

---

① OOH:Out of Home 的缩写,意为户外广告,如路边广告牌、公交站亭广告、地铁站广告、机场广告等。
② SEM:Search Engine Marketing 的缩写,意为搜索引擎营销。它是一种网络营销形式。
③ POSM:Point of Sales Materials 的缩写,意为辅助销售物料。

段,促进购买;在"复购/推荐"阶段,则通过CRM[①]、售后服务等方式与消费者建立深度链接,提升消费者的满意度和忠诚度。

·营销活动需要与渠道和零售作战紧密配合

营销活动实现的是让消费者由知道到想购买本产品,而渠道和零售实现的是让消费者从有兴趣想购买到实际购买本产品,因此二者一定要紧密配合。这也是 IPMS 操盘流程要解决的产品销售痛点之一。当消费者想买产品时却发现没有产品供应或找不到销售网点,这就造成了营销资源的浪费以及销售的损失。此时的渠道和零售门店覆盖、包店炒店、促销员培训、员工激励与动员等工作也要落实到位。

4. **对营销活动的执行进行事中监控,及时调整策略**

5. **总结复盘,积累经验**

例:Xer 6 旗舰机的营销策略

推广节奏: 预热期把概念做足;发布期把产品讲透;热销期深化价值主张。

---

① CRM:Customer Relationship Management 的缩写,意为客户关系管理。

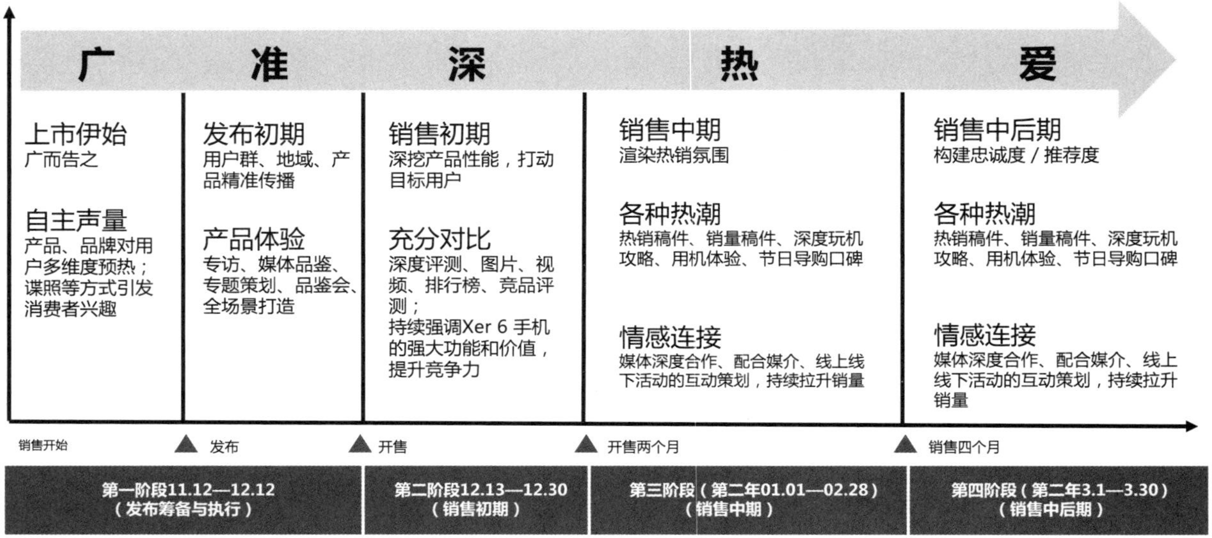

广	准	深	热	爱
上市伊始 广而告之	发布初期 用户群、地域、产品精准传播	销售初期 深挖产品性能，打动目标用户	销售中期 渲染热销氛围	销售中后期 构建忠诚度/推荐度
自主声量 产品、品牌对用户多维度预热；谍照等方式引发消费者兴趣	产品体验 专访、媒体品鉴、专题策划、全场景打造	充分对比 深度评测、图片、视频、排行榜、竞品评测，持续强调能X^{er} 6手机的强大功能和价值，提升竞争力	各种热潮 热销稿件、销量稿件、攻略、用机体验、深度玩机、节日导购口碑	各种热潮 热销稿件、销量稿件、攻略、用机体验、深度玩机、节日导购口碑
			情感连接 媒体深度合作，配合媒介、线上线下活动的互动策划，持续拉升销量	情感连接 媒体深度合作，配合媒介，线上线下活动的互动策划，持续拉升销售
▲发布	▲开售	▲开售两个月	▲销售四个月
第一阶段11.12—12.12 （发布筹备与执行）	第二阶段12.13—12.30 （销售初期）	第三阶段01.01—02.28 （第二年销售中期）	第四阶段（第二年3.1—3.30） （销售中后期）

销售开始

图4-8 推广节奏及主要活动内容

TVC 推广：从 12 月 6 日起，在电视台及 XX 综艺节目等投放，广告语为"超能尊享，视界掌控——来自 Xer 6 旗舰机"。

广告媒介计划：推广产品为 Xer 6 系列。投放周期为 11 月和 12 月。媒介策略为"基于目标受众媒介接触轨迹分析，利用渗透率、偏好度较高的网络媒体进行全国覆盖，加强大范围曝光；线下传统媒体对重点区域市场进行补足，拉动地方市场销量"。

软性内容投放计划：推广产品为 Xer 6 系列。投放周期为 11 月和 12 月。投放目标为"集中占领主流媒体焦点图、头条文字链等广告位置，同时在社交媒体最大限度曝光产品，并加入导流链接，促进销售"。媒介策略为"基于受众习惯，进行全渠道覆盖，同时结合热点时间及重要时间节点，对产品进行最大限度曝光，树立良好产品口碑，拉动销量"。（焦点图广告通常出现在网页的中央位置，往往伴随着滚动效果，有时也被称为"轮播图"，用来吸引用户点击并访问广告主的网站；文字链广告是一种以文字形式展示的广告，通常放置在页面的侧边栏或内容的下方。文字链广告简单直观，用户点击文字链接后可以直接跳转到广告主的页面。）

发布会：12 月 6 日下午 2:00 开始，覆盖 XXX 家媒体，百度指数目标突破 XXX 万；覆盖省分销平台及全国 TOP XXX 家核心经销商客户。通过发布会，将产品优势及品牌理念传递给客户和消费者；赠送价值礼品给参会客户，拉近客情关系；通过客户朋友圈宣传，扩大产品发布范围；发布会结合后续订货

（首销政策），促成火爆销售。

首销预热活动：时间为 12 月 6 日—12 月 11 日，主题为"关注 Xer 6 首销，与代言人面对面""关注 Xer 6 首销，获得产品 1 年体验权""关注 Xer 6 首销，粉丝会直通车"。形式为"线下结合包店、炒店活动，开展关注首销活动，参与者获奖并发布社交平台话题。活动现场录制相关视频，通过直播等方式强调 Xer 6 首销信息，用于线上传播。通过访谈或其他形式活动，宣传最新芯片首发、Xer 6 尊享会员的权益等"。

"粉丝会"启动活动：时间为 12 月 22 日，主题为"粉丝会带你领略非凡人生，成就不一样的你"。形式为"邀请代言人、公司领导一起以酒会的形式，宣布启动'粉丝会'，参加人员包括自首发 10 日内部分有代表性的购买 Xer 6 用户，进行直播和线上炒作"。

4.2.2.2 渠道策略

在消费品行业中，渠道是产品或服务从生产者传递到最终消费者手中的路径。因此，渠道是过程、是通道、是路径，渠道管理则是对产品流通过程和路径的管理。通过渠道的定义，就很好理解新产品上市渠道策略需要解决的主要问题了：

· 此款新品的销售预测与目标确定；
· 产品版本 / 地区 / 渠道 / 客户 / 门店的覆盖计划；
· 销售政策的制定。

所有的策略都基本遵循着一个框架模型：洞察—计划—

执行—检查监控—复盘处理（PDCA[①]）。上一次的策略复盘正是这一次策略制定时的信息输入，将成功经验进行保留积累，于是能力便能不断提升。这种能力的提升是建立在流程和组织之上的，而非依赖个人的能力。

在制定渠道策略前，首先要进行洞察信息的输入。除了之前所提到的洞察信息，渠道还要关注上一代产品在渠道中的销售表现，再结合此次产品的定位来选择本次的渠道和客户，并指导客户销售政策的制定。渠道策略要涉及是否布局线上或线下及其比例，公开渠道、运营商渠道的布局及比例，以及筛选满足一定条件的客户进行产品的覆盖。在明确了覆盖渠道和客户后，接下来的目标分解、销售政策制定、资源匹配等工作就可以深入开展。

例：Xer 6 旗舰机的渠道策略

目标分配方案

（单位：万台）

销售预测	12月	1月	2月	3月	4月	合计
自有商城及第三方	2	8	6	4	5	25
公开市场	5	10	8	6	5	34
运营商—电信	1.5	1.5	1.5	1	0.5	6
合计	8.5	19.5	15.5	11	10.5	65

---

① PDCA：Plan、Do、Check、Action 的缩写，意为计划、执行、检查和处理的工作程序。

目标需分解到周，具体到经销商客户，具体到门店。

一营一会三聚焦

操盘训战**营**：锁定平台客户，开展操盘训战营，围绕大零售、大门店对 Xer 6 系列产品上柜和主推提出明确要求。核心就是要进入各级客户的 A+ 主推政策中。

KA[①] 客户动员**会**：邀请核心渠道客户、大零售商召开动员会议，打造厂商一体化，树立高端局面。聚焦"三个价值"：价值客户、价值门店、价值区域。

三**聚焦**：聚焦 TOP200 核心经销商；聚焦 TOP8 价值省份；聚焦 TOP2000 零售阵地。

4.2.2.3 零售策略

前面讲到，通过营销活动给消费者"种了草"，实现了从不知道到想了解、想购买的转化；之后通过渠道策略将产品送到了距离消费者"一公里"的地方；现在要解决的问题就是如何让消费者购买产品。这个通过零售店面的运作让消费者实现购买产品并不断购买、推荐的过程，就是零售策略要解决的问题。

在 2.4.2.4 "IPMS 与零售的关系"一节中，介绍了零售管理的相关知识。零售是由"人、货、场"三大要素构成的，那么新产品的零售策略将围绕着"人""货""场"这三大要素展

---

① KA：Key Account 的缩写，意为核心客户。

开,为新产品的上市热卖做好准备。

· "**人**"主要是指零售促销人员。要让促销人员销售好产品,需要让他们了解并熟悉产品,因此**培**训要到位;为了激发促销人员的热情及意愿,以销售好产品,需要**奖**励到位;同时,产品的销售目标要分解到人、天等。

· "货"指货**物**,包括产品和物料、演示道具等。如产品的进销存、新产品的展示物料及陈列道具等的管理工作。

· "场"指门**店**管理及**促**销活动的管理。通过门店及促销活动的管理,在消费者购物旅程中有效触达消费者,并在每个触点与消费者充分互动,引导并实现转化,完成产品的购买。

这也就是消费品行业常提起的零售管理的"人""店""物""奖""促""培"。

零售管理最重要的指标之一是零售销售目标的达成。零售目标(数量/金额)的达成方法可以参照如下胜利公式:

$$零售目标 = 门店数量 \times 单店单产$$
$$单店单产 = 客流量 \times 进店率 \times 转化率 \times 客单价 \times 复购率$$

由上面公式可得知零售策略的主攻方向:

· 门店数量:产品能够覆盖的门店数量越多越好(但相对地,也要考虑门店的质量,这决定于零售门店拓展及管理能力)。

· 客流量:新、老顾客的线上、线下引流,营销策略在其中起到很大的作用。

· 进店率:与店面的形象、促销活动等有关联。

· 转化率:消费者的转化与销售人员的意愿、自身的能力以及员工的经验有很大关系。因此，事前的产品知识培训以及销售技能的培训至关重要，也与员工激励有密切联系。

·客单价：是指每一个顾客平均购买商品的金额，也就是平均交易金额。计算公式是一定周期内销售额与成交顾客数的比值。客单价越高，说明顾客购买的产品数量多或产品的单价高。门店内的客单价与销售人员的卖高能力、产品陈列、促销方案等有关。

·复购率：老顾客维护得好，复购率高，也为门店带来正向的收益。参照不同行业的获客成本，一般来看，获得一个新客户的成本是保留现有客户的6~7倍。因此，要做好老顾客的管理。

基于上面讲到的胜利公式的几个要素，零售策略需要照顾到这些方面。

下面简单讲述从消费者购物之旅来看线下如何进行有效的从"引流到吸引再转化"的过程，如图4-10所示。

·要让消费者在距离零售门店100米左右就能看到。如何做到吸睛呢？可以通过大型路演或小型炒店活动，在店面最大化露出品牌元素或产品信息，引起消费者的注意和兴趣。视情况可以布置帐篷或拱门等。

·在距离门店10米左右，通过地贴、吊旗、海报、X展架等物料吸引消费者对品牌的兴趣（注意这些物料的使用要考虑商圈的环境以及消费者接受度，不要让消费者感到反感）。

·在距离产品展柜或展台1米左右的地方，通过店面硬终端的陈列、灯光等吸引消费者前往，最终完成新产品的引流过程。

· 消费者已经站在展台旁,这时需要使用生态化陈列道具及物料充分展示产品的卖点,通过体验环节吸引并激发消费者的购买欲望。举例:为了演示手机拍照强大的抓拍功能,华为零售管理部设计了一款道具——高速旋转的光盘,然后消费者可以使用手机抓拍,在高速旋转下捕捉的画面画质优良、字体清晰,引起消费者对产品拍照功能的赞叹。

· 在消费者体验产品的同时,促销人员利用话术及相应的销售技巧,提升成交率,销售新产品。

· 与消费者通过后续的会员服务及会员关怀建立持久关系,维护老顾客。

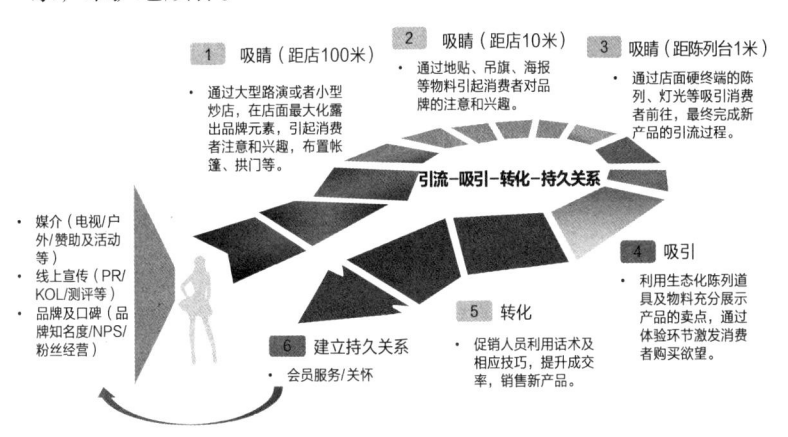

图 4-9 消费者购物之旅:引流—吸引—转化—持久关系示意图

例：Xer 6 旗舰机的零售策略

终端线下零售门店推广节奏

	Phase 1 预热推广 11.24-12.6	Phase 2 上市推广 12.6-12.30	Phase 3 持续推广 1.1-2.28
推广重点	1. 在终端倒计时（突出产品卖点） 2. 配合线上传播进行线下推广	1. 在重点店面树立影响力（重点客户） 2. 门店首销，重点门店包店 3. 线下路演	1. 终端物料持续露出 2. 通过圣诞元旦促销及活动拉动终端销量提升
覆盖	首销活动门店	所有有促/无促门店计划****家 （公开&运营商）	所有有促/无促门店计划****家 （公开&运营商）
终端支持	· 首销门店倒计时牌 · 消费者预订卡	· 上市物料露出，重点店面形象更新 · 首销礼品及重点门店包店 · 演示样机及机模覆盖到位 · 终端工具包 · 终端首销活动	· 终端物料持续露出 · 终端工具包 · 圣诞元旦促销礼品

图 4-10　终端线下零售门店推广节奏示意图

终端门店布局

·**终端气氛推广要求**：新品上市首销期间，要求终端核心门店 100% 覆盖物料、机模、演示样机，其他所有门店需在半个月内完成覆盖；区域需跟踪物料制作下发及陈列过程，并及时反馈；推出相应激励政策，奖励店面形象活动总分前十名的团队，对覆盖不合格的团队进行惩罚。

店面形象要求：要求"一夜换装"——忽如一夜春风来。终端主 KV 和形象物料需在发布会后第二天（11 月 9 日）完成布置；所有核心门店、市级以上门店的主 KV 需上墙；所有氛围物料需同时露出；Xer 6 样机 + 机模的整体覆盖率要达到目标售点的 90%。

·**终端活动推广要求**：实现三个统一（宣传主题统一、推广节奏统一、活动气氛统一）。首销活动后推出主推月活动，以持续提升热度。中小型路演区域需提供具体的活动时间和地点。推出终端活动推广激励政策，对各区域门店的首销路演及主推月活动进行评分，奖励前十名，并对后五名提出警告。

首销期（11月11日—30日），各区域需保证举办10场中大型炒店活动；全月主推：维持热度至12月（核心城市核心商圈每周末开展Xer 6小炒主推活动）。

零售培训强化

目标：人人会卖Xer 6

· 自上而下做覆盖：区域总/操盘手/业务经理需先接受培训，提高新品培训的重视程度。

· 讲解、演示标准统一：卖点演示等终端人员必须人人会用、会讲、会演示。

广覆盖
自上而下覆盖，省别进行Experience Workshop，提高对Xer 6重视度

树形象
开展省别品鉴会形式集合培训，树立Xer 6品牌形象

练卖高
将销售技巧与产品功能卖点相结合，讲练结合，少讲多练，大量进行Role Play话术演练，提升卖高能力

重体验
准备照片、视频、音乐、游戏、应用、演示程序等生动化用户体验素材

抓考核
通过培训后笔试、电话抽查、在线月考等形式，考核产品知识掌握情况，通过一对一演练，考核操作演示话术掌握情况

图4-11 零售培训强化方法

上市专项点检

在产品上市期间,总部将根据提前制定的点检考核表安排专项点检,采用区域检查及神秘访客的形式,对零售门店的现场、活动、人员等管理内容进行检查。点检开始前需培训到位,让零售人员了解点检的要求、点检的项目以及相应的奖惩评判标准及相关内容。

4.2.2.4 电商策略

互联网技术的发展不断推动着电商产业的进步,商品交易在互联网行业商业闭环中扮演着越来越重要的角色。前面提到,零售的胜利公式是零售销售额等于零售门店数量、单零售门店的销售、产品的平均单价等关键因子的乘积,无论是线下零售门店的销售还是线上网店的销售,都遵循这个公式。那么,对于一款新产品的上市操盘,电商都需要做哪些工作呢?

之前在渠道策略一节中提到了 PDCA 模型:洞察—计划—执行—检查监控—复盘处理。电商策略也是从洞察、从调研开始的。通过调研掌握网络传播的特点、消费者网购习惯等信息,在预热期、发布期、首销期及稳定销售期保持长尾销售曲线,并采取相应的措施,确保新产品线上销售目标的达成。电商要充分考虑线上流量的获取(公域流量和私域流量),通过打动人心的卖点、多触点的消费者触达方式(如开屏广告、朋友圈推广等)来引发消费者的兴趣,再通过具有竞争力的定价及促销方案形成高效转化,促成消费者对产品的购买。

在制定电商策略时,应该把握与线下零售策略相辅相成、相互促进的原则,切不可相互竞争形成内斗,导致两败俱伤。一般情况下,可采用不同规格的产品专供线上,或采用线上线下同价的方式。

例:Xer 6 旗舰机的电商策略

电商渠道为自有商城、第三方平台;产品为 Xer 6、Xer 6 Pro+;定价为线上线下同价,单独一款颜色专供线上。

Xer 6 产品电商首发操盘步骤

步骤	事项	主要内容和活动
第一步	产品策略	用户画像、产品备货、预热启动
第二步	支撑保障到位	IT 系统、客服、仓储、危机公关
第三步	全渠道流量绑定	首发平台选择、首发平台流量、第三方流量、营销活动等
第四步	营销物料准备	卖点提炼、产品页面、图片文案、PR 及稿件等
第五步	确定首发策略	首发价格体系、首发供货时间、首发方式等
第六步	召开发布会	公布价格、公布预约渠道、公布首发时间等
第七步	首发	此时声量、流量应达最高值

Xer 6 电商销售目标

(单位:万台)

销售目标	12月	1月	2月	3月	4月	总计
自有商城及第三方平台	2	8	6	4	5	25

4.2.2.5 服务策略

"为客户服务是华为存在的唯一理由,客户需求是华为发展的原动力。"华为不仅是这样说的,也是这样做的。服务在消费者业务中、在IPMS流程中都是非常重要的一环。华为的价值观是"以客户为中心,以奋斗者为本,长期坚持艰苦奋斗",其中"以客户为中心"排在首位,可见华为对客户的重视程度。做好新产品的服务策略,需要端到端地全局思考,不仅包括售后服务,还包括售前的咨询、客诉处理、危机事件处理等方面。

调研及复盘:对上一代产品的服务策略及执行结果进行复盘,取长补短;调研服务领域的新动向、新技术,以及消费者服务的相关政策、消费者对服务的预期和满意度等。

服务准备工作:服务产品准备(提供有价值的服务产品,如延保、上门服务等);知识准备(对服务人员进行产品知识培训,确保各岗位熟练掌握新产品的卖点和话术;同时,还要了解新产品相关的营销活动、消费者权益等内容,特别是客服人员;对技术人员进行拆机、维修等技能培训);物料准备(服务门店的形象物料、产品备件等)。

例：Xer 6 旗舰机的服务策略

服务管理在不同阶段的主要业务内容

上市前	发布会	首销	上市后
· 对服务人员进行Xer 6系列产品知识培训、销售营销政策等培训；技术人员产品维修培训；物料准备等一系列准备工作 · 相关活动、政策	· 预热相关内容培训和执行	· 根据各渠道反馈不断更新和丰富知识库	· 服务APP或微信等渠道推送产品营销方案 · 即时更新答复口径 · 产品售后质量问题及时处理，并进行分析及反馈 · 消费者声音管理、服务跟踪及满意度调查

服务产品

1. 180天以换代修：需购买增值服务（购机后180天内，若出现三包范围内的性能故障，可享受一次直接换新机服务）。

2. 上门服务：换机或维修时，可享受一次免费上门取送服务，足不出户，全程无忧。

3. 延长保修：赠送3个月延长保修服务或碎屏险（二者选其一）。

4.3 产品操盘之"营"——运营管理

4.3.1 攻：打得好——发布会和首销"战役"

4.3.1.1 秀一场抓眼球的发布会

新产品发布会是厂商展示新产品、提升品牌形象和吸引消费者的重要活动，是新产品在公众面前的首次亮相，其重要性和意义是毋庸置疑的。因此，必须做好发布会的策划和准备。

2024年11月26日，消费者翘首以盼的纯血鸿蒙首款Mate 70系统正式发布。早在发布之前，华为的一系列预热活动就吊足了消费者的胃口：

11月初，有网友拍到余承东在飞机上捂口袋的照片，疑似用纸巾掩盖Mate 70手机。

11月15日上午，在广州车展的直播中，余承东表示，Mate 70在口袋里没拿出来，"担心被别人偷拍"，并透露上次的非凡大师三折叠屏手机被偷拍，因违反信息安全规定还被公司罚款。

11月18日，余承东开通了微信短视频账号，并发布了第一条短视频："感谢十二年来一路相伴的每一位Mate（朋友、同伴、伙伴），你们的鼎力支持是我们前进的底气，让我们一起期待史上最强大的Mate。"同时宣布Mate 70系列"26

日见"。余承东的这条短视频在作者的朋友圈里引发了议论，有人担心"史上最强的"这一表述是否违反了相关广告法规。（讨论的结果是不违反，因为是指华为Mate系列中最强的，总之，成功引起了消费者的关注）

11月18日，华为商城开放了Mate 70的预约通道，不到2小时预约量即突破百万，10小时达到190万台。同时，线下的华为旗舰店也出现了排队预约Mate 70的长龙，引发了各媒体和短视频平台的争相报道。

11月19日，华为终端视频号连发三条视频，继续为Mate 70系列预热，每条宣传文案中都带有"Mate有真AI"标签。这三条视频分别展示了三项AI功能：AI手势、AI分身、AI防窥。

11月19日，余承东在视频号中展示了Mate 70的真机，并表示"Mate 70真捂不住了，金丝银锦来了，品牌盛典上再详细介绍！"

11月25日，余承东和何刚齐上阵，为Huawei Mate 70系列产品宣传发声。广告创意为"一抓一放，张手就来"，呈现了手机的强大AI手势功能及隔空抓取、隔空投放等特性。

11月26日上午，余承东在视频号发布"华为Mate品牌盛典，最后一次彩排！朋友们一会儿见！"的视频，记录了25日的彩排情景。14:00，华为商城停止线上预约，总计有335.5万人预约购买Mate 70系列。14:30，品牌盛典在一首激情澎湃的《怒放的生命》合唱中拉开序幕，一系列新产品荣耀登场。

以上便是一次完美的新品发布会前的预热活动。通过一系列精心策划的预热活动，达到了预期效果。作者通过微信观看发布会直播时注意到，观看直播的人数已达到123.4万人。

这仅仅是发布会前的预热环节，因为只有引起大众的兴趣和激发好奇心，发布会才能让消费者真正关注和重视。发布会通常会设定以下目标来指导策划和执行工作：

·目标：为新产品进行宣传造势，促进产品首销热卖；传播公司品牌营销理念，与消费者建立情感连接。

·量化目标（示意）：邀请XX家以上各类媒体参会，XX家以上媒体参加专访；直播独立访客数（UV[①]）突破XX万；整体费用控制在预算规划内；发布会上座率达到XX%以上等。

发布会KCP[②]

大型发布会准备工作环节繁多，关键控制点主要分为6个大项及若干个小项：

·发布会活动议程制定：包括活动议程设计、邀请函设计及制作、体验区及场内外布置设计、活动场地内人员位置划分与动线图设计；赞助商权益体现方案制定、物料设计制作与管理、过程创意环节设计等。

·人员邀请管理：包括嘉宾接待安排、座位及票证规划、

---

① UV：Unique Visitor的缩写，意为独立访客。
② KCP：Key Control Point的缩写，意为关键控制点。

重要客户及合作方邀请接待、粉丝会员及员工接待安排、媒体接待安排、现场人员管理疏导等。

・报批协调：包括公安整改协调、票务检票协调、城管沟通协调、消防方案协调等。

・场地协调：包括场地规划及布置安排、广告位设置、包厢安排等。

・现场直播：包括线上直播设置、现场采集规划、技术保障与支持等。

・突发应急：包括参与环节嘉宾变化调整预案、现场突发事件应对预案等。

发布会是需要跨部门沟通、多部门协作完成的工作，一定要按照项目管理方式进行管理和落地执行。建议成立项目组及分项目组来运作，以确保各项工作顺利落地和发布会顺利召开。

发布会现场执行经验总结（示意）

・产品亮相顺序：先展示美图再播放视频、接着真机亮相、最后进行互动环节。

・硬件设备确认：注意翻页器信号问题，确保PPT前后翻页顺畅；确认耳麦等设备完好可用。

・铺垫话术准备：提前准备前后节目间及互动环节的铺垫话术，避免现场尴尬情况发生。

・题词增加提示页：在播放视频前增加提示页，以便观众更好地跟上节奏。

・专人专职报批：成立专门报批小组，负责活动报批以及公安对接事宜的处理工作。

・发布会现场提前一天完成全部搭建工作，并进行提前排练彩排工作。

・对发布会现场的产品做好安全保密工作，防止丢失和泄密情况发生。

・……

4.3.1.2 让"首销即热销、新品即爆品"

首销的定义及目的

首销定义：广义上，首销是指产品从筹备到上市销售的全过程，在此特指产品的首次发售活动。因此，首销类似于发布会这样的项目活动。

首销目的：通过设定一个首销日，将前期积累的所有能量汇聚于这个确定的时间窗口，进行集中爆发，快速引爆市场，将声量和热度推升至新高度，实现零售曲线的迅速攀升，达到最高势能。

确保首销成功的关键动作

产品目标人群定位清晰（前期市场洞察到位）、渠道覆盖执行完毕、零售策略落实到位、营销传播方案准备就绪（前期预热已达到预期效果），以上各项运作落到实处，才能确保首销日的成功。

阶段	引流	蓄客	首销	热炒
目的	预热	预约预售	销售热销	全面热销
要点	目标人群有效覆盖，不断拉升市场热度	锁定目标销售者	实现首销即热销，营造氛围	线上、线下全面铺开，营造火爆销售氛围
方案	执行线上传播方案，通过造势、话题引发讨论	线上商城预约、线下预约（预约政策等执行）	首销方案执行（开售时间、排队、首销优惠活动等），线上同步传播首销情况	持续传播和报道，对产品的卖点、消费者体验感受等进行持续热炒

例：Xer 6 旗舰机的首销规划

首销

（1）提前预约，集中引爆；11月8日发布会后即展开预约活动；

（2）囤货齐发，先销先供；11日前第一时间在各大核心客户上柜，先保证统一热度与主推；陆续到货分配，参考先销先供，保持热度与紧迫感；

（3）百城百店、同步首销活动，选择线下核心门店卖场，进行首销；

（4）同步宣传：官微、线上媒体、各地媒介一起直播火爆场面。

终端氛围要求：专区和体验店必要的陈列：KV + Xer 6 台卡 + 横幅 + 海报 + 其他。

氛围浓厚原则：在卖场入口、通道、售点空处可重复出样重点物料，达成品牌瞩目率第一。

道具产品陈列：产品陈列（专柜以上必有真机陈列，其他覆盖点可真机或机模陈列）；创新道具（开放体验台必陈列1个创新道具）。

其他注意事项：分货和备货；店员的培训及质量；销售监控和 PSI 预测等。

首销大型路演的流程示意

时间	事件	主要活动
09:00—09:05	预热时间	活动预热，营造现场气氛（视频或音频播放等）
09:05—09:10	快闪	快闪
09:10—09:15	暖场节目	暖场节目（视频播放等）
09:15—09:20	主持人开场	介绍活动环节，介绍来宾，引导顾客参与活动
09:20—09:30	嘉宾致辞	邀请嘉宾致辞，礼仪引导
09:30—09:40	产品走秀	模特巡场进行产品走秀，产品展示
09:40—09:50	首销环节	首销启动仪式＋新品亮相
09:50—10:00	产品讲解	产品讲师演示并介绍产品的功能
10:00—10:20	产品互动体验	主持人引导观众进行产品体验及互动
10:20—11:00	政策引导	介绍产品的优惠政策
11:00—11:20	产品体验	互动游戏（针对产品卖点设计的互动游戏）
11:20—11:30	幸运抽奖	现场设置抽奖环节，现场送出大礼（仅限当天购买）

4.3.2 守：守得住——生命周期声量和销量保持高位

新产品上市跟踪

经过产品发布会、首销的声量高峰后，随着供求关系的相对平稳，新品销售也进入稳定期。如何保持销售曲线的平稳不下滑呢？这需要监控销售目标的达成情况，并时时评估营销效果、渠道和零售的推进状况，根据反馈的信息及时进行策略调整，保持产品的声量和热度，维持稳定的销售表现。总结一句话就是："初期抓准入、中期抓份额及周转率，价格监管贯穿始终。"

·销售目标达成情况：主要监控 TOP 客户、TOP 门店的销售情况，同时对表现异常的客户进行分析，例如达成率超预期的客户或达成率过低的客户，找出内在原因作为输入信息，进行相应的对策调整。另外，还需要与上一代同档位产品的销售曲线进行对比，对比后的有用信息同样作为对策调整的输入。（新产品上市后，首销月和第二个月的销售监控非常重要，因为之前制定的产品策略、营销策略、渠道策略和零售策略等都是纸上的方案、预测的方案，市场千变万化，因此真正进入实战中肯定要根据实际情况对之前的 GTM 操盘计划进行动态调整）将新产品的上市跟踪列入日常业务 SMR[①] 会议统一管理。

·营销监控：对百度、谷歌热搜指数等相关的营销热度指标进行监控，跟踪目标达成情况；对营销计划的执行进行监

---

① SMR：Sales Management Reviews 的缩写，意为销售管理评审会议。

控，评估效果；对目标人群进行监控，评估触达效果。例如，对户外大牌、商圈广告、商圈活动等进行全员巡店、事中检查；对 TVC、Digital、PR&Social 等通过第三方监播平台或在线数据研究平台进行监控；做好对目标达成率和 ROI 的考核评估。

·渠道和零售监控：监控渠道和零售门店的产品覆盖情况，上柜、陈列、POSM 到位情况；门店的促销情况以及促销员的销售情况等。

控价

控价的目的：增强渠道和零售客户的信心，使其更积极地销售产品，同时获得消费者的认可。保持产品市场建议零售价的稳定，可以确保各流通环节客户获得合理的利润，让客户更有信心投入资源经营好产品。同时，消费者也能获得心理满足，如果刚购买三四个月的产品价格就大幅下降，消费者会认为产品不保值，自己遭受了损失。

控价的原则：产品的 RRP 在相互影响较大的区域内维持统一；监控二级市场的价格，如果快速下滑，应采取相应措施；时时关注 PSI 数据，通过发货进行管控，关注客户的库存情况。

控价的方法：分三个不同的产品阶段进行管理。

·产品上市导入期：与经销产品的客户达成共识，在政策上约定共同维护产品 RRP；关注进货及库存情况，避免压货；严禁将促销资源用于产品的降价促销。

・产品销售爬坡期：关注进销存数据，维持正常水平，如有异动要进行调整；对重点客户 RRP 进行监控；给客户的各项支持要及时到位。

・产品成熟期：关注进销存数据，维持正常水平，按照零售数据进行分货；根据销售表现适量调整产品覆盖的渠道与门店；关注价格波动，视情况可进入调价流程。

调价

调价的目的：是为了增强产品的竞争力，激励渠道商进货，维持零售销量，避免库存风险，延长产品的生命周期。

调价的触发点：竞争加剧、后续新品上市、零售不佳、冲量、汇率波动影响、尾盘清库、库存压力等。

调价注意事项：（1）在正常销售期的产品应少调价甚至不调价，以维护品牌和产品在消费者心目中的形象；（2）如有调价需求，应控制在合适的价差范围内；（3）尾盘调价时以成本为衡量标准，低于成本原则上报废；（4）在调价过程中，因为与渠道商存在价保（调价补差）约定，所以易产生 BCG[①] 问题，应有相应的流程和方法避免。

价保就是在调价前（XX）天内渠道商提货的商品可以按照新调整的调价幅度获得厂家的补贴。因此，如果提前获取产品调价的日期，有些渠道商会大量囤货，然后可能低价抛售、窜货，再通过获得补贴的方式获取更高利润；或者担心调价后产

---

① BCG：Business Conduct Guideline 的缩写，意为商业行为准则。

品供不应求，提前大量囤货，库存压力会对后续操作产生不良影响。如果按照实际库存补差，也会产生利用某些手段骗保的风险。因此，为了让业务健康有序地发展，调价的时间点应保密。但调价需要经过多次讨论，由不同部门的人员共同制定，难免会走漏风声。那么该如何操作呢？既然调价日期需要保密，那么可以设计成每个人都不确定哪个日期是调价日期。具体方法是抽签。在调价的窗口期提前确定几个调价日期，用信封封好，让领导抽签选定。选定后，相关知情人员也需要有一段时间的封闭期，以免信息泄露。

分货

对产品分货的管理能力是产品操盘成功的重要因素之一。其目的，一是保证产品成功上市，二是确保产品在生命周期内销量最大化。分货需遵循总体分货原则，按流程进行，才能保证分货目标的实现。

1. 分货原则

·零售能力是所有分货的第一原则（零售力不行，分到的货成为库存，这是不可想象的）。

·分货要参考以往的进销存（PSI）数据以及预测数据进行。

·可控渠道、核心客户、零售客户优先考虑。

·分货可分为两种情况：供不应求期以及供需平衡期，针对不同情况制定不同的规则。可以参考历史数据、要货计划、销售预测以及客户是否可控等进行打分评估,根据不同分值给予不同的订单满足率。

2. 分货组织的分工与职责

·操盘委员会负责整体分货方案的决策。

·GTM 部门负责分货原则和流程的制定及更新,并负责新产品的分货规划。

·销售部门负责分货方案的具体实施。

制定方案、决策方案、实施方案分别由不同部门负责,以最大化地减少人为干预及 BCG(商业行为准则)问题的产生。尤其在产品的紧销期,分配的其实不仅是货,更是利润。以华为 Mate 70 系列产品上市为例,产品刚刚上市,需求量大,但产能有限,线上商城基本秒光,线下旗舰店的现货也十分紧俏。

SMR 管理

SMR(销售管理评审会议)是一种周期性进行的会议,销售团队根据市场变化和内部报告,分析、发现问题和机会点,形成相应的决策和行动计划,是确保销售目标达成的例行审视机制。

SMR 可以及时识别异常、问题或机会点,对市场变化作出快速反应;可以在组织中建立基于事实和数据作出决策的意识和习惯;可以实现跨部门协作;可以为高层决策提供帮助。

SMR 实施的方法为通过每周例会进行审视,包括国家、代表处、地区部等不同层面的会议。与会者要求为销售主管、销售运营、渠道、零售、产品、营销、供应链管理、财务、服务等业务模块的人员。会议前的准备材料包括：市场规模/份额、Sell in、Sell through、Sell out、库存、生产计划等。会议输出包括：差距与问题、机会、需求、下一步行动方案等。新产品上市首销后，每周的销售表现（上市跟踪的相关销售、营销、渠道和零售等数据）在SMR会议上做专题管理。

"终端如海鲜，要下快棋，不能发生方向性的问题，也绝对不能发生系统性风险。我们在国家层面推动操盘、营销、采购、服务和反腐内控等几个业务管理委员会高效运转，定下每周一例行讨论和决策的规矩，紧急事项当天可以决策，唯快不破。每周的业务会议由各业务主管在'君子如兰'会议室办公，各省级主管接入。知其然还要知其所以然，这些拉通机制不仅做到层层执行和落地，更重要的是帮助大家建立全局视野，打破部门墙，保证组织的灵活敏捷和高效协同。

"有人不理解，比如认为营销由市场营销部门决策就可以了。但我们考虑到市场每天都在变化，产品上市、用户需求、计划和交付、合作伙伴的建议都是动态的。如果市场营销体系只按照既定的规划营销，而不是动态学习适应，就可能与销售和服务体系不合拍，于是成立了营销委员会。在操盘委员会上，我们做的每一个重大决策，都要认真征求各成员的意见，尽可能达成一致。这是一个相互PK、沟通和妥协的过程，能够较好地防止出现个人误判和重大风险。产品没上市之前，甚至在生命周期没有结束前，谁也不敢说就一定能实现目标。关键是抓住方向、节奏和执行，在过程中预判问题，及时决策、合理取舍。这几年，我们操盘了很多主力机型，所有方案最初都是从那间会议室里产生的。"

上面这两段话摘自原华为消费者业务大中华区总裁朱平的讲话，是 SMR 机制在日常工作中应用的实例。通过 SMR 拉通各部门聚焦 Sell out，确保策略和举措的执行和落地。SMR 机制有效运行的基础保证是要有及时、准确的产品 PSI 数据（实时产品进销存数据）。新产品上市过程中，如果销售出现异动，那么就可以随时进行分析，提出对策，动态调整计划，保持产品的良好销售表现。

SMR 的关键任务是审视（销售目标达成）、检查（库存是否合理）、调整（销售和要货预测）、制订（后续行动计划）。SMR 会议一定要聚焦目标、聚焦问题和聚焦机会；需要对信息进行深度分析，要真正解决问题，避免为了开会而开会，变成汇报会；要避免掩盖问题。

4.3.3　收：收得稳——平稳退市将市场交接至下一代

产品生命周期末端的退市阶段一定要退得稳、退得干净，以免影响下一代产品的上市以及公司产品大盘。需要谨记**两稳一快**，为这一代的产品操盘画上一个完美圆满的句号。

稳价格：在产品生命周期末端，产品的价格要保持相对稳定。如若调价，需一次到位，同时借助促销活动、促销员提成等方式快速消化库存。另外，需要考虑新老产品的上市、下市的切换时间以及合理的价位差，确保平稳过渡。价差过大或过小都会对下一代产品的上市产生影响。

稳货源：稳货源是指平稳地减少供货以及铺货网点，既不过多备货，也不可直接停止供货。应提前 3 个月制订退市计划，锁定渠道、锁定销量。

快清盘：从整体操盘的角度提前做好清盘计划，在合适的时间点快速清盘。必要时，可增加一定的营销或渠道投入；也可由某一渠道包销（独家代理一次性提货清盘），然后在特定区域内完成清尾工作。

4.4 产品操盘之"盘"——复盘管理

4.4.1 复盘管理

复盘一词最早源自围棋术语，其原意是在棋局结束后，棋手通过重新在棋盘上摆一遍对弈过程，分析每一步的优劣得失，以提升棋艺。在企业管理中，借用了复盘的概念，指对某项工作或活动进行回顾和总结，旨在通过复盘发现问题、分析根因，从而找到改进方法，促进业务能力的提升。也就是说，复盘是一个不断学习、总结、反思、提炼和持续提高的过程。没有复盘，再努力都只是低水平的重复。

复盘一般采用GRAI[①]模型，把复盘分为四个步骤：

·回顾目标。回顾需要复盘内容的目的或期望达成的目标，进一步明确并以此为起点。

·评估结果。利用核心数据，将结果与目标进行对比，基于此发现问题、亮点和不足。

·分析原因。进行根因分析，明确事情成功的关键因素或失败的根本原因。根因分析的目的是找到导致问题发生的最根本因素，而不是停留在表象。一般来说，要归因于内，找到自身能力的不足，通过赋能、完善流程等方法进行改善，从而弥补业务上的差距。

·总结经验。对做过的事情进行反省和思考，在原计划的基础上进行相应的调整，以避免下次犯错，及时进行迭代升级，为下一次工作的开展做好准备。

这样，通过一次又一次业务的开展、复盘、修正，再开展、再复盘、再修正，带动组织能力的全面提升，业务才能做得越来越好。在这里需要注意的一点是，复盘会议不能变成汇报会议，更不能变成批判大会。大家要保持开诚布公的心态，就事论事地讨论每一个环节，集思广益，这样才会有效果。

[①] GRAI: Goals、Results、Analysis、Insights 的缩写，复盘的模型，意为回顾目标、评估结果、分析原因、总结经验。

4.4.2 首销复盘及生命周期复盘

一、首销复盘

首销复盘在首销日的第二天、当周（首销周）、当月（首销月）均可进行，通过复盘了解新品上市操盘中可能出现的问题，进行及时修正。参照复盘模型，从首销的目标展开，评估目标达成情况，然后找问题、找差距，再对改进建议达成共识，总结经验，沉淀方法论，用于下次首销项目的提升以及人才能力的提升。

首销复盘的目的：通过数据分析，形成产品中后段生命周期操盘的策略、措施和行动计划。

- 销量：实际 Sell out 与目标的对比、Sell out 曲线与上一代产品对比，分析销量、爬坡期长短、零售曲线的稳定程度。
- 产品：结合竞品，找出产品组合、定位、上市节奏等存在的问题。
- 定价：评估对消费者是否有吸引力；与竞品的街价/运营商资费比较是否有竞争力；是否预留足够渠道空间。
- 营销：审视营销主推产品是否与营销主推策略匹配、卖点和营销物料是否打动消费者、营销节奏是否合适、费用分配是否得当。
- 渠道：评估渠道选择、利润结构设计、促销活动频度是否合适、促销效果是否符合预期。
- 终端：检查大货是否缺货、样机的露出是否足够、哑机画面是否得当、陈列是否吸引眼球、终端资源投入是否进行分级（出货量大的门店资源投入更多）、促销员激励是否得当。

· 培训：评估培训覆盖率、培训质量（促销员抽检）、培训话术的有效性（是否在营销时使用）、更新率（有新的竞品上市后是否需要更新攻防话术）。

例：Xer 6 旗舰机的首销复盘

在 4.3.1.2 "让'首销即热销、新品即爆品'"一节中阐述了 Xer 6 首销目的：通过一个首销日，将前期所有的能量都汇聚在这个确定的时间窗口进行"爆破"，快速引爆市场，将声量和热度提升到新高度，实现零售曲线快速提升，达到最高势能。关键指标包括首发日销售量、预约转化率、百度指数均值与峰值、核心客户及门店的消化率、线上 PV[①] 和 UV 及转化率等。

针对目标和结果的达成率进行分析，发掘问题点。例如，线上 UV 的转化率不高。分析原因是对竞争考虑不足，主要对标竞品在线上大力促销抢夺客户，而我方没有相应的预案，没有第一时间作出反应。待更新首发优惠政策时，已耗时过多，导致首销当日线上销售不佳，UV 转化率不高（分析原因）。因此，后续在首销方案中要增加对竞品的洞察及政策预案的内容（总结经验）。

二、生命周期复盘

产品操盘 IPMS 既是业务流，也是业务流程，因此要从两方面进行产品生命周期操盘的复盘：一方面是基于项目运作的项目管理复盘，另一方面是跨领域业务策略的落地执行效果复盘。

---

① PV：Page View 的缩写，意为页面浏览量。

生命周期复盘的目的

形成数据,让好的经验得以传承,不足的地方实时修正,为下一代产品的 GTM 形成正向迭代。

操盘结果复盘

·销量:Sell out 曲线,与目标的对比、与上一代产品对比、与 Sell in 的对比,按曲线划分生命周期的阶段。

·产品:综合评估产品力、成本、质量、供应情况,评估产品毛利贡献及综合营销投入 ROI。

·定价:定价合理性分析(考虑消费者和渠道利润),中期调价政策有效性分析。

·营销:从定位、TA[①]、IMC、营销物料、传播渠道、营销节奏等方面分别分析有效性,评估 ROI。

·渠道:渠道选择、覆盖率、活跃度、利润结构设计、促销活动频度及效果,关键客户 ROI 及整体渠道 ROI。

·终端:门店覆盖率、单店产能、促销员人均产能、供应保障等数据分析,门店氛围营造、零售话术、零售培训、促销活动、激励政策、促销员管理、零售综合 ROI 等效果评估。

操盘运营情况复盘

·执行规范性:流程与动作的执行情况总结及优化建议。

·执行效率:进度排期表、会议机制、决策机制的执行情况总结及优化建议。

·操盘质量:产品分级及资源配置优化、工具模板的整理和优化。

---

① TA:Target Audience 的缩写,意为目标受众。

第5章

IPMS 成功要素及学习法

5.1 IPMS 成功要素——"33442 平台"及"七力"模型

5.2 学习及落地 IPMS 避免踩的坑

5.1 IPMS 成功要素——"33442 平台"及"七力"模型

在 2.4.2 "IPMS：集成产品营销服流程"一节中提到，IPMS 既是业务流，也是业务流程，更是 To C 业务的运作机制。如果企业要实现商业成功，在营销服端必须有"三个一"的作战体系（图 5-1），才能实现"**力出一孔、利出一孔、丽出一孔**"。

图 5-1 "三个一"作战体系示意图

在作战体系的指挥下，各职能兵种发挥各自作战能力，统一配合以打胜仗。俗话说"一将无能，累死三军"，如果将军指挥不当，各兵种的军事能力再高也不能取得战争的胜利。本书前 4 章一直在讨论作战体系，并从理论和实践中证明了其行之有效性。那么，如何解释有的企业学习这套操盘方法但效果不好的问题呢？其中的原因可能有很多，但很大程度上是因为各职能模块的能力不一致，导致相互配合不理想，从而不能收获理想的结果。这就如同战车,如果四个轮胎的气压不一样,那么势必会影响整车的性能,让车子跑不快、跑不直。图 5-2 为各职能部门能力差别图。

图 5-2 各职能部门能力差别图

因此,每个领域的能力都要提升,这样才能在 IPMS 的各个"泳道"里畅游。图 5-3 是 **To C 行业营销服"33442 平台"模型及操盘"七力"模型**,可以作为指导消费者行业市场端的业务提升和操盘业务运作的参考。

To C 商业成功			
在IPMS牵引下整体作战能力迭代提升			
3 GTM操盘是关键 1. 实现产品IPD中市场关键动作落地;2. 做好产品在全球和国家层面统一操盘;3. 维护价格体系稳定,集成产品营销服统一运作。 (操盘力 + 产品力)			
品牌打造是王道 1. 低价竞争是没有出路的 2. 在国家层面要有清晰的品牌定位 3. 聚焦数字媒体营销和PR **3** (品牌力)	**渠道管理是核心** 1. 出货口梳理,客户分层分级管理 2. 选择合适的渠道商 3. 以零售KA客户为中心/赚钱 4. 渠道扁平/组织下沉 **4** (覆盖力)	**零售阵地是根本** 1. 零售阵地建在核心零售KA 2. 质量比数量重要/高端品牌形象 3. 关注陈列和体验 4. 人店匹配/店员激励/培训 **4** (创收力)	**服务管理是基础** 1. 以保障型服务为基础,提升消费者忠诚度 2. 倾听消费者声音,建立健全与消费者沟通渠道,提升消费者满意度 **2** (连接力)
平台底座 (IT、HR等) 是支撑 (支撑力)			

图 5-3 To C 行业营销服"33442 平台"模型及操盘"七力"模型

我们需要有力量的产品操盘,那么如何获得这种力量呢?答案就是七种力量的叠加:**操盘力、产品力、品牌力、覆盖力、创收力、连接力、支撑力**。有了这七种力量的加持,单产品的操盘就会大获成功。有了每一个单产品的成功,公司产品的整体操盘也就是成功的,最终就能实现企业的商业成功。

5.1.1 GTM 操盘是关键——操盘力和产品力

GTM 部门的能力和业绩决定着公司的**操盘力**和**产品力**。

在本书第二章中多次提到 GTM 的角色。如图 2-11 所示,GTM 是作曲家、是填词家、是指挥家。因此,无论是产品的操大盘、操小盘以及操盘项目运作,都需要 GTM 角色来实现和完成。GTM 能力强,就表现出强大的操盘力和产品力:作曲家和填词家的角色决定了**产品力**,指挥家的角色决定了**操盘力**。GTM 的这些能力是企业实现商业成功的关键。衡量 GTM 产品操盘是否成功,可关注几个指标:产品类别排名份额、价格稳定性、产销率、产品毛利率、主推率等。

1. 实现产品 IPD 中市场的关键动作落地

GTM 部门对接 IPD 信息的交流和互动,同时带领市场、渠道、零售、服务等业务领域共同完成产品的上市,实现商业成功,如图 5-4 所示。

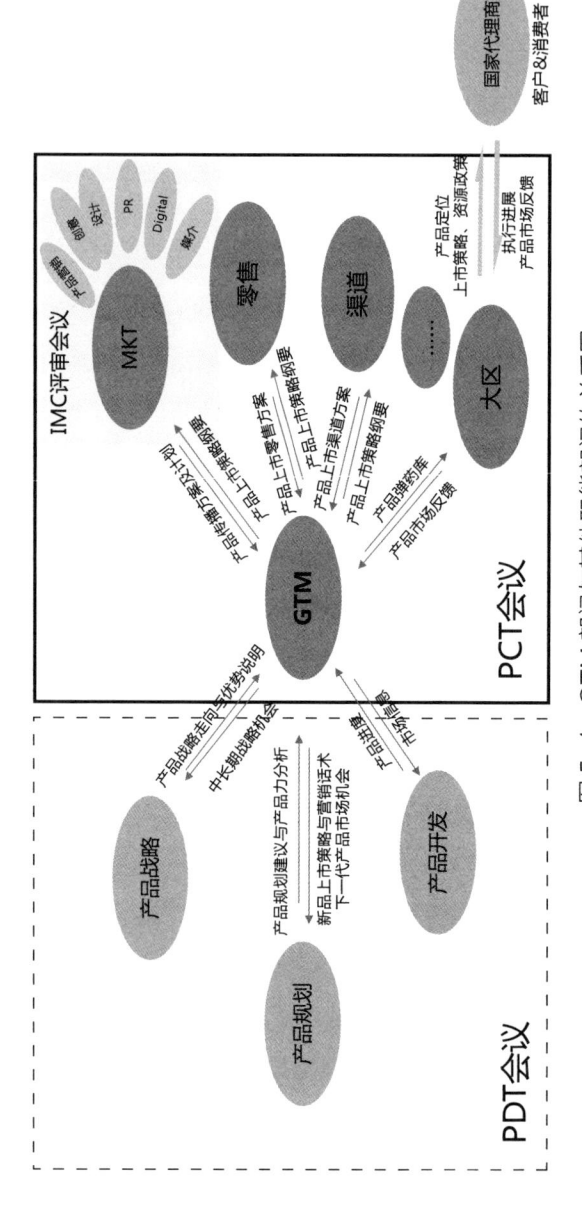

图 5-4　GTM 部门与其他职能部门的关系图

2. 做好产品在全球和国家层面统一操盘

总部 GTM 和国家 GTM 有不同的定位，二者通过产品统一操盘实现协同。

·总部 GTM 基于**产品**的全生命周期进行操盘，定位为**产品的销售负责人**，承担产品的经营责任；站在产品的视角推动地区部、国家达到单产品的商业成功；规范从单产品的市场机会点生成到生命周期结束的全流程市场整体操盘管理。

·国家 GTM 基于**国家维度**进行操盘，是国家产品经营的责任人，定位为国家经理的副手；审视公司的产品路标，根据国家市场需求规划产品，确认本地产品路标，承接总部的产品上市计划，确保在国家层面的销售成功；总部 GTM 与国家 GTM 通过产品操盘进行耦合。

3. 维护价格体系稳定，集成产品营销服统一运作

这是 GTM 部门的职责所在，即维护产品量价，协同作战，实现产品商业成功：

·根据产品特点、目标定位等，明确产品卖点，组织制定产品上市策略。

·进行实施过程监控，拉通研发、营销、销售、交付等各环节进度，跨部门整合协调，确保新品按期上市，并对产品生命周期全过程进行管理。

·进行产品操盘管理，根据市场走向，组织制定整体目标并分解到渠道，协调达成整体销售目标，进行销售情况跟踪、复盘等。

·进行生产供需协调，拉通商品计划，确保产品按期交付。

- 进行控货控价管理，最大化产品收益。

5.1.2 品牌打造是王道——品牌力

营销部门的能力和业绩决定着公司的**品牌力**。

随着社会生产力的不断进步和社会经济的持续发展，市场上大多数消费品的供求关系经历了从供不应求到供需平衡，再到供大于求的转变；企业销售人员的关注点也从"产品为王""终端为王"，逐渐转变为"用户为王"（以消费者为中心），营销模式也随之发生了相应的演变：

- 产品阶段：供不应求，产品为王，聚焦在产品功能，采用4P策略（产品、价格、渠道、促销）。
- 传播及定位阶段：供需平衡，终端为王，聚焦渠道广覆盖及消费者需求，采用4C[①]策略（顾客、成本、方便、沟通）。
- 价值营销阶段：供大于求，物质丰富，用户为王，聚焦消费者关系及社会圈层，采用4R[②]策略（关联、反应、关系、回报）。

关联：企业必须通过某些有效的方式在业务、需求等方

---

① 4C: Customer、Cost、Convenient、Communication 的缩写，意为顾客、成本、方便、沟通。

② 4R: Relevance、Reaction、Relationship、Reward 的缩写，意为关联、反应、关系、回报。

面与顾客建立关联,形成一种互助、互求、互需的关系,把顾客与企业紧密联系在一起,减少顾客流失,以此来提高顾客的忠诚度,赢得长期而稳定的市场。

反应:多数公司倾向于说给顾客听,却往往忽略了倾听的重要性。在相互渗透、相互影响的市场中,对企业来说,如何及时倾听顾客的希望、渴望和需求,并及时作出反应来满足顾客的需求,这样才利于市场的发展。

关系:重视与顾客的互动关系,建立并维护良好的顾客关系。

回报:回报是营销的源泉,是企业持续发展的动力。

消费品行业营销的本质,可以归结为以与消费者的关系为导向,以消费者为本。图 5-5 是作者在 2016 年提出的消费品行业圈层经济模型。在大时代背景下,关注与重视消费者的关系,建立以圈层经济为导向的消费者服务与运营体系,是企业未来的发展之路。

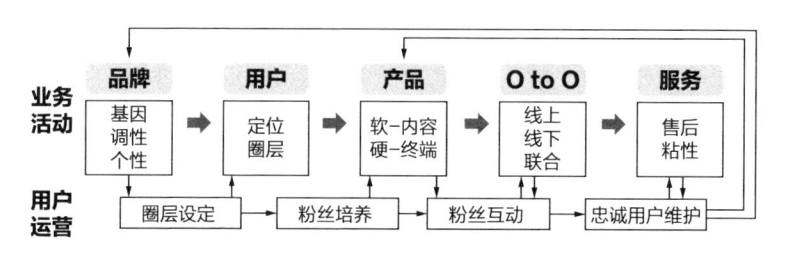

图 5-5 消费品行业圈层经济模型

如图 5-5 所示,企业的品牌基因、调性以及个性是对准并锁定某类消费者圈层的;通过圈层的定位开发出满足该圈层用户需求的产品（粉丝需求是产品开发前的重要信息输入），且产品的软硬件均是对准该需求设计的；通过与粉丝互动，企业积极采用线上、线下结合的方式来满足特定圈层用户人群的需求；再通过良好的售后服务，增加用户与品牌的黏性，维护好忠诚用户，建立良好的品牌口碑；通过运营维护好忠诚用户，将各种信息反馈至产品端及品牌端，再促进新需求的满足及下一代产品的开发。

企业文化和价值观决定着品牌的调性和个性，而品牌个性决定着产品的内涵。用户个性与产品内涵相互匹配，在圈层经济的今天，品牌建设与运作水平是商业能否成功的关键要素之一。

1. 低价竞争是没有出路的

品牌，简单地讲，是指消费者对某类产品及产品系列的认知程度。品牌的本质是品牌拥有者的产品、服务或其他优于竞争对手的优势，能为目标受众带去同等或高于竞争对手的价值。其中价值包括：功能性利益和情感性利益。

在消费品市场中，品牌是企业生存的根本。华为在打造品牌时强调"王道"，这主要是指华为坚持通过提升产品品质、技术创新和服务来赢得市场，而不是单纯依靠低价策略。任正非多次表示，华为决不走低价格、低成本、低质量的道路，因为这会摧毁企业的战略竞争力。

2. 在国家层面要有清晰的品牌定位

从品牌的定义可以看到，品牌是企业呈现给消费者的高于预期的价值，品牌会在消费者心里形成一个定位，这个定位是消费者对品牌方的产品或服务的一个累积印象所建立起来的。简单地说，看到或想到了品牌就想到了产品，想到了产品就想到了其价值。在国家层面树立清晰的品牌定位，有助于提升企业产品的竞争力，尤其是在产品同质化严重的今天，品牌定位对于提升产品附加值及利润空间具有重要意义。

3. 聚焦数字媒体营销和 PR

重点强调聚焦数字媒体营销和公共关系（PR），因为它们是现代企业中至关重要的两个领域，在塑造品牌声誉、提升品牌知名度和与目标受众建立联系等方面发挥着重要作用。

（1）数字媒体营销

数字媒体营销是指通过互联网、移动设备、社交媒体、搜索引擎等渠道接触消费者的营销方式。它是一种全新的领域，区别于传统营销的模式，需要以全新的方式接触客户。数字媒体营销的发展，一方面是由于通信技术的发展，另一方面也是由于消费者行为方式的转变而不断推动的。消费者行为转变的几个趋势包括：

· 无处不在的消费场景：购买产品多渠道化、移动化、碎片化。

· 对消费品质的追求和升级：追求健康、时尚、舒适、便捷等。

· 不断增长的参与感：消费者广泛参与，甚至成为价值链的一部分。

· 从从众到追求个性：自我价值的体现驱动了个性化产品和定制服务的需求。

·全渠道无缝融合：消费者购物渠道碎片化和数字化，线上与线下的界限越来越模糊。

·从功能性到体验感：消费者不仅仅满足于产品功能，对体验、感知价值有新的需求。

·圈层社交和经济：信息时代带来了新的社交方式，"圈子和部落"文化需要重视。

数字媒体营销包括多种策略和工具，如搜索引擎优化（SEO[①]）、按点击付费广告（PPC[②]）、社交媒体营销和内容营销。

（2）公共关系PR

公共关系（PR）是指企业通过各种沟通手段与公众建立和维护良好关系的过程。其目的是塑造和维持积极的形象，增强品牌认知度，并促进公众对组织的理解和支持。公共关系活动一般包括媒体关系管理、危机公关、内部沟通、社区活动参与、社会责任项目等。

·媒体关系管理：新闻稿发布（新产品、新技术等）、媒体报道（发布会、专访等）、社交媒体运营（微博、微信、抖音、小红书等社交平台发布消息，与用户互动等）。

·事件营销与活动策划：新品发布会、行业展会、赞助与合作等。

PR举例1：胖东来火爆出圈，一方面是因为其在"自由·爱"的文化理念下，零售业务的基础（货真、价实、真心

---

① SEO：Search Engine Optimization 的缩写，意为搜索引擎优化。
② PPC：pay per click 的缩写，意为按点击付费。

服务、售后等）做得近乎完美；另一方面，也得益于广泛的社交媒体传播的力量。以胖东来创始人于东来为代表的内部意见领袖，通过直播演讲、个人账号运营等形式向公众阐述企业服务理念与价值观，强化了品牌的文化认知，为品牌传播奠定了价值基础。在社交媒体平台上，大量用户分享自己在胖东来购物时的细节体验，如员工主动帮忙照看孩子、贴心协助搬运重物并坚持护送至家门等。这些真实、生动的内容以用户为媒介进行广泛传播，消除了受众的怀疑心理，强化了品牌形象的可信度，吸引了更多人对胖东来的关注。

6·25胖东来擀面皮档口卫生事件：2024年6月25日，有网友发视频反映称，胖东来商场餐饮部内某擀面皮档口存在生产环境卫生问题。6月26日，胖东来对此发表声明称，立即要求新乡两店餐饮部所有的联营商户档口关停，并成立调查小组。6月27日凌晨，胖东来公布"擀面皮"事件调查报告：奖励投诉顾客10万元；对所有于6月9日至19日期间在新乡胖东来两店餐饮部购买擀面皮、香辣面的顾客办理退款，并给予1000元补偿（共计8833份）；相关工作人员被辞退、免职；要求新乡胖东来擀面皮商户即日起停止营业，并解除合同终止合作，限期撤柜。胖东来为"擀面皮"事件"赔偿"近900万元。

"委屈奖"制度化：胖东来的一名员工在阻止顾客冲突时遭到掌掴，公司随即给予了3万元的补偿。这一决定不仅是为了弥补员工所遭受的身体和心理伤害，更是为了传递一个明确的信号：胖东来坚决维护每一位员工的尊严和权益，不容任何侵犯。2024年12月17日，胖东来在社交媒体上发布了一则《胖东来人格尊严补偿标准执行公告》。

以上的两个小案例在社交媒体上传播甚广，使胖东来品牌的认可度和好感度急剧攀升。人民的口碑就是品牌最好的广告。

PR举例2：2024年12月19日，央视新闻频道全网直播了由中央电视台三位金牌主持人主持的中国经济引力场节目——《在一起，鸿蒙智行》。华为终端BG董事长余承东及"问界、智界、享界、尊界"等四位车企老总接受采访，齐聚圆桌畅谈合作、创新、理想，吸引了全网数百万的流量，起到了很好的品牌宣传效果。华为终端BG董事长余承东在近期也开通了微信视频号和抖音号，不断加强与用户的沟通与互动，宣传企业的品牌、文化、价值观。

PR举例3：肥娟小吃店由于店主夫妇的真诚赢得了同学们及顾客们的信任，2024年底至2025年初火爆全网。海信集团在第一时间为肥娟小吃店赞助了一台电视，在做好事的同时抓住了一波流量，尤其是当孩子们齐声喊道"谢谢海信"的时候，海信的付出得到了回报。

PR举例4：临近春节，京东创始人刘强东向老家江苏宿迁光明村村民写了一封"拜年信"，表示将发放现金和年货。除了给老家60岁以上的老人发一万元红包外，还将给他上小学时所有的老师每人发10万元现金红包。当年刘强东拿着全村人你一分我一毛他一个鸡蛋凑起来的501.26元外加76个鸡蛋到北京上大学，他说没有众乡亲的帮助就没有他的今天。刘强东是一个懂得感恩的人，他领养了10个孤儿，还资助了138名贫困儿童，因为他知道贫困无助的苦。这些信息通过社交媒体的传播，让许多人佩服和赞叹。不少网友留言表示，认可了刘强东，就认可了京东，在京东购物放心，即使某商品比其他平台贵，也肯定有贵的道理，只认京东。

PR 举例 5：天灾无情人有情

2025年1月7日9时5分，西藏定日县发生6.8级地震。震后不到5分钟，直升机已经在镇区上空盘旋；不到10分钟，15名边境民警到达灾区，徒手救出21名被困群众；不到15分钟，660人的消防队伍集结完毕，半小时后中心区域开始破拆救援；1个小时后，帐篷资源和军队车辆在318国道上连成一线，武警消防所有应急装备全部启动；5个小时后，运-20满载着官兵和物资起飞；13时，县城恢复供电；17时，公布了地区遥感图；19时，通信基本恢复；天黑之前，搭好了救灾帐篷，当晚就有了热菜热饭和新鲜水果供应；天亮之前，道路全部恢复。仅1天时间，运往灾区的救援物资基本饱和，累计救援并转移6万人。灾情发生后3天，临时板房已经搭建，用于灾后的群众安置。11日下午，西藏日喀则市定日县长所乡古荣村板房安置点第一个接通宽带、IPTV 网络电视，孩子们围坐在电视机旁，说不看动画片，想要看电影《战狼》。

西藏地震发生后，很多企业也立即行动起来，履行着企业社会责任：**京东**在第一时间将就近的仓储物资运往灾区（京东创始人刘强东表示，当社会发生任何灾难时，京东就近的仓储经理有权利且必须把库房里面所有的货物全部捐给灾区人民）。不仅大型企业，中小型企业也纷纷伸出援手，奉献爱心。**鸿星尔克**捐赠价值千万元的御寒保暖及应急救灾物资；移动照明"赛道"的领导品牌**傲雷**（Olight），年销售额仅有10多亿元，也在第一时间向西藏灾区捐赠价值100多万元的应急救灾手电……

不仅企业，更多民众也自发组织起来奔赴灾区：**韩红**紧急行动，第一时间带领医疗志愿者火速驰援西藏地震灾区；兰州**筷上瘾**牛肉面店主**马忠明**自备面、肉、菜等，带领员工赶赴灾区，只为给群众做上一碗热气腾腾的牛肉面；爱心人士**索朗罗布**，每天为受灾群众免费提供大约500千克的藏面；**次仁旺加、次仁加措、普琼达瓦、边巴扎西**等4名"00后"退伍老兵自发组织驰援定日县，作为志愿者参与搜救、搭建帐篷、装卸物资等工作……

地震灾难发生后，高效的应急响应机制、强大的国家力量、优越的制度优势、团结的民族精神、开放自信的国际形象等信息，通过新闻媒体、社交媒体的传播，不仅让中国人，也让外国人看到和感受到了中国的力量。不少网友纷纷留言表示，此生无悔入华夏。

5.1.3 渠道管理是核心——覆盖力

渠道部门的能力和业绩决定着公司的**覆盖力**。

美国市场营销学家菲利普·科特勒将渠道定义为：营销渠道是指某种货物或劳务从生产者向消费者移动时，取得这种货物或劳务所有权或帮助转移其所有权的所有企业或个人。简言之，营销渠道就是商品和服务从生产者向消费者转移的具体**通道或路径**。

在 2.3 "大零售业务流程架构 Retail v1.0" 一节中，我们讲述了 To C 消费品业务场景中的渠道和零售业务框架（图 2-16）。渠道就像一个管道，将公司的产品输送到距离消费者 "1 公里" 的地方，使消费者可以随时触达。渠道管理工作做得好，产品覆盖率高，消费者购买的概率也大，从而对销售实现产生积极影响。下面简要介绍如何进行手机行业的渠道管理。

渠道规划、渠道模式选择及价格体系设置是渠道管理最重要的工作。图 5-6 为以手机厂商为例的渠道拓展规划示意图。

（1）零售普查

零售普查的目的是掌握市场的第一手渠道和零售资料，用于指导渠道和零售阵地建设，规划相应的资源投资。具体做法是了解区域内有哪些渠道商、零售商与零售店，对店铺和商家进行匹配，并对渠道商和零售商进行排名；然后再根据市场容量制定销售目标，参考竞争对手现状、渠道特性等，制定相应的渠道和零售发展策略。零售普查的范围是大国到省，小国到全国。普查方式包括：扫街（销售员调查）、分销商提供、第三方报告等。

简单理解：知道产品在哪儿能卖出去。以手机厂商的渠

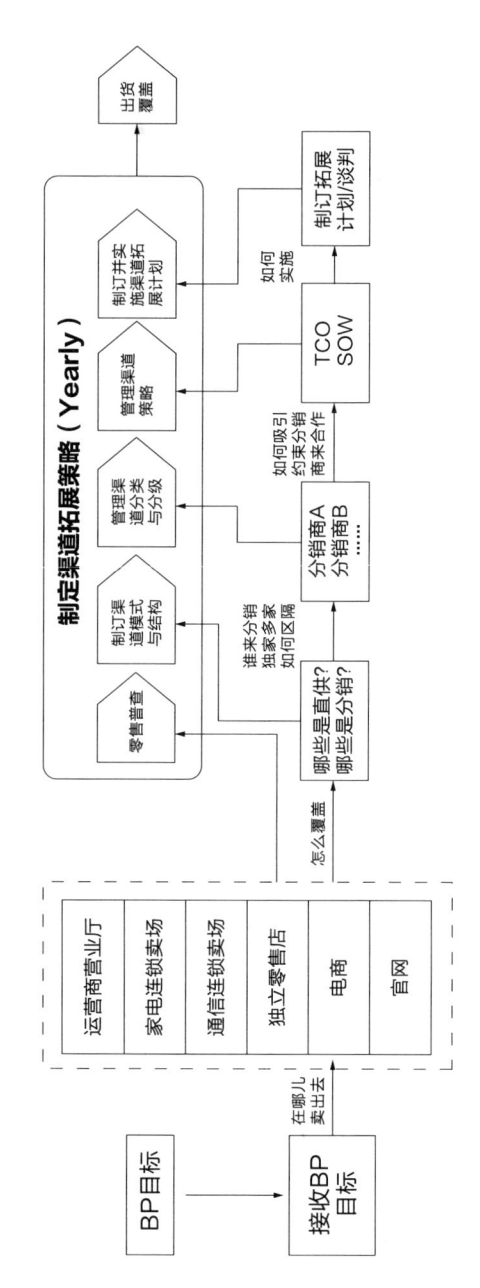

图 5-6 以手机厂商为例的渠道拓展规划示意图

道为例,包括运营商营业厅、家电连锁卖场、通信连锁卖场、独立零售店、电商、官网等。

(2)制定渠道模式与结构

现在有了整个区域的商家和店铺数据库,接下来需要解决的是如何覆盖的问题。是采取分销还是直供?哪些是分销?哪些是直供?需要决定渠道的模式与结构。

(3)管理渠道分类与分级

确定渠道模式后,要对分销商和零售商进行选择,考虑由谁来分销、是独家还是多家、如何区隔等问题。对渠道进行分类与分级管理。

客户类型:分销商、零售商、运营商、电商、行业客户、授权服务中心等。

客户分级按照销售能力、合作意愿等标准,可以分为金牌、银牌,或核心、重点、普通等。

(4)管理渠道策略

渠道商是合作伙伴,因此要有相应的吸引及约束条款来指引合作。制定 TCO[1] 与 SOW[2]。

(5)制订并实施渠道拓展计划

在实施过程中要注意几点:第一,对分销商和零售商进行有效管理,只有管理好 Sell through,才能真正管理好 Sell out;第二,要特别管理好零售 KA(Key Account,意为核心客户)客户,因为他们是产品的主力出货口;第三,为了管好

---

[1] TCO:Total Channel Offering 的缩写,意为全渠道解决方案。
[2] SOW:Statement of Work 的缩写,意为工作说明书或工作任务书。

各层级的商与店,需要企业的组织架构与之匹配,渠道要扁平化、组织要下沉。

2. 三种典型渠道模式

目前手机行业比较典型的渠道模式为:ND[①]模式、FD[②]+KA模式以及DRP[③]模式。

3. 价格体系设置

价格体系设置是渠道管理的重要工作。价格设计原则:在一定区域内指导零售价统一,保证渠道商和零售商的利益。

做好渠道工作的"WELL"原则:

·Workable:可行的、行得通(渠道是可行的、行得通的,覆盖有效——规划与拓展)。

·Executive:经营管理的、有执行权的(渠道是可被管理的、被执行的——目标绩效、PSI、TCO等)。

·Look back:回顾、回头看(渠道要被回顾及评价——数据回顾分析、SMR)。

·Loyalty building:忠诚度建设(渠道是忠诚的——激励与联合营销)。

[①] ND:National Distributor 的缩写,意为国代商。
[②] FD:Fulfillment Distributor 的缩写,意为资金物流平台。
[③] DRP:Direct Retail Partner 的缩写,意为直供零售商。

5.1.4 零售阵地是根本——创收力

零售部门的能力和业绩决定着公司的**创收力**。

在 2.4.2.4 "IPMS 与零售关系"一节以及 4.2.2.4 "零售策略"一节中，我们简要介绍了零售的定义以及零售管理的三要素。为什么说零售阵地是根本，是创收之源呢？因为在零售业务层面，企业与消费者是直接面对面的。通过零售活动，厂商的销售人员凭借专业的知识、热情的服务来吸引、打动消费者，从而实现产品的销售。华为能够在 10 年的时间内将智能手机年出货量从 300 万部（2010 年）飙升至 2 亿部以上（2019 年），意味着每秒钟就有 6.3 部华为手机通过零售门店、经由促销人员之手销售到消费者手中。这种提升离不开华为强大的零售基础管理能力的支撑。

零售的三率四度十招

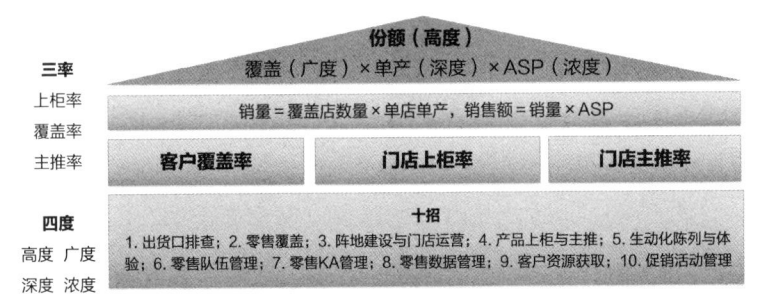

	份额（高度）
三率 上柜率 覆盖率 主推率	覆盖（广度）× 单产（深度）× ASP（浓度）
	销量=覆盖店数量×单店单产，销售额=销量×ASP
	客户覆盖率　　门店上柜率　　门店主推率
四度 高度 广度 深度 浓度	**十招** 1.出货口排查；2.零售覆盖；3.阵地建设与门店运营；4.产品上柜与主推；5.生动化陈列与体验；6.零售队伍管理；7.零售KA管理；8.零售数据管理；9.客户资源获取；10.促销活动管理

图 5-7　零售业务的三率四度十招

零售胜利公式

销售额 = 销量 × ASP[①] = 覆盖店数量 × 单店单产 × ASP

公式解释：销售金额等于零售门店数量、单零售门店的销量、产品的平均单价三者的乘积。举例：手机的平均单价为2000元，单门店每月销售50台，一共有1000个门店，则月手机销售额为1亿元。同时，销售额越高也意味着市场占有率越高（市场份额）。

1. **四度**：**高度**（市场份额）、**广度**（门店覆盖）、**深度**（单店单产）、**浓度**（ASP）

·**高度**是指某个品牌销量在整个市场中的占比，其数值表现出该品牌在市场中的地位高低。

·**广度**是指某品牌所有产品在国家或地区市场上柜销售并产生销量的最大门店数，通常称为"有效覆盖门店数量"。

·**深度**是指某品牌所有有效覆盖门店的月度平均销量，通常是用该品牌月度总销量除以有效覆盖门店数量得出。

·**浓度**是指某品牌月度各产品平均交易零售价，用来衡量该品牌的议价能力和盈利水平。

以上数据均来源于第三方报告。

2. **三率**：是单产品维度的指标，**客户覆盖率、门店上柜率、门店主推率**

·**客户覆盖率**是指从单产品维度来看，产品上市前需要根据销售目标进行客户层目标分解，规划该款产品需要覆盖的客

---

① ASP：Average Sales Price 的缩写，意为平均销售单价。

户数量,然后在产品上市后进行客户实际覆盖数量的对比,以此来监控该款产品客户覆盖进度的达成情况。

客户覆盖率计算公式

$$客户覆盖率 = \frac{实际客户覆盖数量}{规划客户覆盖数量} \times 100\%$$

·**门店上柜率**是指从单产品维度来看,产品上市前需要根据销售目标进行客户的门店层目标分解,规划该款产品需要上柜的门店数量,以此来监控该款产品门店上柜进度的达成情况。

门店上柜率计算公式

$$门店上柜率 = \frac{实际上柜门店数量}{规划上柜门店数量} \times 100\%$$

·**门店主推率**是指从单产品维度来看,为达成产品上市和中期销售的良好表现,需要对产品从客户层面和门店层面进行主推的要求,通过对门店的走访或暗访得出所覆盖门店主推情况。

门店主推率计算公式

$$门店主推率 = \frac{实际主推门店数量}{规划主推门店数量} \times 100\%$$

3. 十招

·第一招:出货口排查。即零售普查,要掌握可用于销售产品的所有门店和客户的信息;

·第二招:零售覆盖。根据销售目标及推广规划,覆盖零售门店;

- 第三招：阵地建设与零售门店运营；
- 第四招：产品上柜与主推；
- 第五招：生动化陈列与体验；
- 第六招：零售队伍管理；
- 第七招：零售 KA 管理；
- 第八招：零售数据管理；
- 第九招：客户资源获取；
- 第十招：促销活动管理。

做好零售的方法很简单，只要抓好"三率四度"，做好十招就可以了。但是，简单的方法能够真正地落地、真正地触动消费者的心是最难的。因为零售关注的是细节，零售做的是人的工作，因此更是难上加难。虽然难，但是只要认真做、真心做，每天进步一点点，随着时间的积累，就能实现质的飞跃。

夯实零售，聚焦价值客户、价值店面、价值区域，实现可持续增长
强化执行，做实客户管理，运营管理，作业管理，实行职业化运作

做好零售工作的"RETAIL"原则

- Relationship：关系（零售是人与人、人与物、人与空间的联结，是做好零售的基本原则）；
- Evolution：进化、演变（零售是将消费者转化为品牌忠诚者的过程——转化率）；
- Together：共同（消费者不仅购买一款产品，同时还带走更多的产品和服务——连带率）；

·**A**ttractive：有吸引力的（零售是营造一种氛围，吸引消费者进入品牌——进店率）；

·**I**mpressive：印象深刻的（让消费者对品牌有深刻的印象——认知率）；

·**L**oyalty：忠诚（消费者对品牌忠诚，重复购买——复购率）。

5.1.5　服务管理是基础——连接力

服务部门的能力和业绩决定着公司与消费者的**连接力**。

"华为是一个功利集团，我们一切都是围绕商业利益的。因此，华为文化的特征就是服务文化，因为只有服务才能换来商业利益。我们只有用优良的服务去争取用户的信任，从而创造资源。""华为公司只有一个鲜明的价值主张，那就是为客户服务。""我们还要学习苹果公司的服务体系，我们要让消费者自动把钱拿出来，服务也是最重要的一个环节。"这三句话分别摘自任正非在1997年、2009年、2017年不同会议上的讲话。可以看出，在这跨越20多年的各次讲话中，"以客户为中心、用心为客户服务"作为华为的宗旨从来没有变化过。在华为发展早期，甚至为了客户售后服务的响应，把好的设备拆卸成零部件以满足维修需求；服务工程师随时响应，随叫随到，曾经发生过服务部门员工在海南休假时，一个电话打来，一身夏装就直奔冬季东北三省的例子。图 5-8 所示是以消费者为中心的业务流和价值流的示意图。可以看到，服务是企业愈发不可或缺的重要一环。

· **价值创造**：集成产品开发流程（IPD）实现的是从消费者需求到产品的诞生。

· **价值变现**：集成产品营销服流程（IPMS）实现的是从市场机会到产品的销售、回款。

· **价值传递**：从问题到解决（ITR）实现的是从客户问题到完美解决、消费者满意。

价值创造：从需求到产品
产品开发流程

价值变现：从机会到回款
销售和交付流

价值传递：从问题到解决
客户问题处理流程

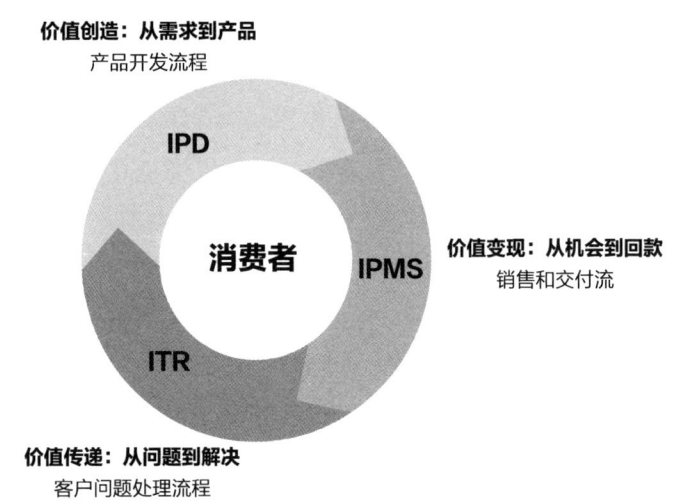

图 5-8　以消费者为中心的业务流和价值流

彼得·德鲁克说："商业的目的在于创造和留住顾客。"在当今社会，各企业服务部门的重要性不言而喻，服务也是生产力。如果消费者对企业、对产品是满意的，那么服务部门就是锦上添花，消费者的满意度、NPS 也就越高；如果消费者对企业或对产品是不满意的，甚至还带着一肚子怨气，那么服务部门就是企业重新赢得消费者信任、获得良好口碑的最后一道关口。NPS 在消费品行业中代表"净推荐值"，是一种衡量某个客户将会向其他人推荐某个企业或服务可能性的指数，目前是最流行的顾客忠诚度分析指标。现在，由于我国经济发展、人民生活水平的提高，很多行业和产品已经从增量市场转变为存量市场，手机主要以换机需求为主。在这种情况下，高 NPS、高口碑对一个品牌来讲是至关重要的，极端情况可能决定品牌和企业的生死。

1. 以保障型服务为基础，提升消费者忠诚度

夯实基础性、规范化的服务能力，关注消费者满意度。

2. 倾听消费者声音，建立健全与消费者沟通渠道，提升消费者满意度

多渠道获取消费者声音并进行闭环管理（客服热线、传统媒体、数字媒体、会员管理、线下服务中心等），并在第一时间对消费者反馈进行解决、处理，保证沟通畅通，有效提升消费者的满意度，实现用户忠诚。

5.1.6 平台底座是支撑——支撑力

平台底座的能力是业务的**支撑力**。

任正非说，华为的潜力在管理，华为有强大的平台支持能力。从 1997 年开始，华为通过与世界级管理咨询公司的长期合作，在研发、供应采购、销售服务、人力资源管理、财务管理和质量运营IT等方面系统性引入业界领先实践，并与华为实际相结合，形成适合华为的"以客户为中心、以奋斗者为本"的管理体系，构筑了华为的核心竞争力。这些能力也为IPMS宏零售的业务运作提供了强有力的支撑。

华为已与全球知名的咨询顾问团队基本开展了合作，涉及人力资源体系、战略管理、市场体系、研发体系、供应链体系、财经体系、质量管理体系等：

· IBM：BLM模型、绩效管理/干部管理体系、IPD（集成产品开发）、ISC（集成供应链）、IFS（集成财经变革）；

· MERCER：组织设计；

· HayGroup：职位体系、薪酬体系；

· AON Hewitt：人力资源三支柱模型；

· Accenture：LTC变革；

· PwC：财务体系建设；

· SIEMENS：六西格玛质量管理；

· TOYOTA：精益管理。

这些管理流程体系解决了效率问题，构建了华为强大的业务平台。在华为向公开市场转型时，就是基于此完善的管理流程体系的大平台发力的，有效支撑了To C业务变革。

人才

打仗需要人，打胜仗更需要人，特别是对人才的需求。华为一直坚持"以奋斗者为本"的企业文化。积极进取、持续奋斗的员工是公司最宝贵的财富，也是华为得以实践"以客户为中心"战略的核心保障。公司在成长机会、薪酬待遇等方面向奋斗员工倾斜,"让火车头加满油",必须使奋斗者得到及时、合理的回报。华为建立了双重任职资格体系,员工可从管理、专业两个方面获得个人的职业发展通道;还建立了完善的培训体系,满足奋斗者对学习的需求。华为公司也高度重视员工的身心健康和内部组织氛围的和谐,成立了专门的员工健康指导中心,并设立了首席员工健康与安全官,为员工提供完善的保障,使员工能够身心愉快地工作,在组织成功的同时,实现自己的价值。从价值创造到价值变现,再到价值评价,直至价值分配,形成十分正向的价值循环(图5-9)。

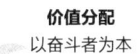

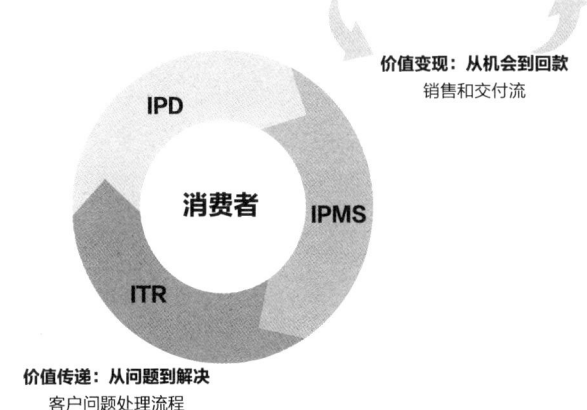

图5-9 以奋斗者为中心的价值评价和价值分配

IT 系统

数字化在 IPMS 流程中发挥着巨大的价值。为了支持业务开展、操盘过程的落地,需要大量数据进行支撑:

· 例如,在市场洞察时,需要收集和分析海量的市场数据,帮助企业了解消费者需求、偏好以及竞争对手情况等,使产品定位和功能设计更贴合市场;

· 营销资源利用及效率可以实时监控,促进资源的合理调配;

· 在销售跟踪时,数字化系统可以实时监控库存、销售数据等,便于企业及时调整生产和营销策略,优化资源配置,提升整体运营效率。

企业为此构建了大量的 IT 系统用于管理,例如用于 PSI 管理的进销存系统(PSI 系统)、活动管理平台(iMarketing 系统)、零售门店作业管理系统(iRetail 系统)、企业资源平台(Enterprise Resource Planning,ERP)、管控一体化系统(Management-Control Integration System,MCI)、区域营销费用流程等。这些系统最后整合关联起来,通过数据的流动、信息的互联互通,形成了整个 IT 管理体系,有效地支撑了 IPMS 业务的开展,助力企业在市场竞争中占据优势。

5.2　学习及落地 IPMS 避免踩的坑

1. 全面照搬引进 IPMS 而不考虑企业实际情况

不能完全照搬，就如同 IPD 流程一样，IPMS 流程也有其适用的企业类型：

·以产品为核心的企业：一般依靠产品创新迭代来维持市场竞争力和长期发展，如通信、家电、厨电等企业；

·技术门槛高、产品开发周期长的企业：对产品质量要求高，研发周期长的企业；

·产品集成功能多、复杂度高：硬件、软件、互联互通等复杂程度高，协同要求高的企业，例如手机、汽车等制造商。

……

参考 IPD 流程的适用性，因此，引入 IPMS 时要视企业具体情况而定，引入后要审视业务及业务流程，对 IPMS 的若干阶段相应地进行裁减、适配。尤其是中小微企业，可能需要有 GTM 操盘，但不一定要完全拷贝。如果生搬硬套，可能会造成效率低下、资源浪费的情况，得不偿失。例如，有些角色可能不必设置专门岗位人员负责，由一个岗位承担几个角色也是可行的。

2. 直接上马，"松土"不足

有些企业一上来就直接在公司推行 IPMS 流程，调整组织、调整岗位、调整职责。在员工尚未意识到变革的必要性和重要性时，就急于上马，前期"松土"工作不足，这可能会导致项目的失败。另外，有些企业属于偏技术型的公司，研发体系中大多数是工程师，他们往往有着技术情结，因此也需要引导他们从技术导向转变为以消费者需求为导向。因此，在导入新流程、新项目时，一定要遵循变革的方法，先做好前期的"松土"工作，提升全员的变革意识，争取获得全员的支持，这样项目才能顺利推进。例如，华为在向公开市场转型时，开展了"万人站店"项目，要求消费者业务（BG）的人员都要去零售门店当一天店员，与消费者面对面交流，通过站店活动，很好地扭转了全员对消费品行业的认知。

2012年5月，终端公司EMT①成员率先在深圳华强北华为体验店开展站店实践，并对终端的管理者提出站店要求。经过一个多月的"试水"，终端"万人站店"实践于2012年7月全面铺开。截至2012年12月底，终端管理者、关键岗位员工、销售、MKT类新员工、集团志愿者等共计1300余人参与了站店实践。"万人站店"活动已成为管理者及干部的必修课，用于建立终端意识、终端文化。通过站店与消费者零距离接触，倾听消费者的声音，这是最好、最直接有效的方式。

通过站店，来自研发、产线、品牌、MKT等不同部门的人很快会发现一些在公司里发现不了的问题。"消费者关注的点不是我想象中的啊！"一位负责研发的同事感叹道，"我们的手机最薄，手感最好，但是消费者说不在意这些，觉得我们的手机设计不好看。"还有消费者说："你们的促销活动不给

---

① EMT：Executive Management Team 的缩写，意为经营管理团队。

力,促销礼品也完全吸引不了我们!""包装盒是白色的,容易脏。"……市场的这些反馈让有些人备受打击,因为之前日夜攻坚才设计出自己满意的产品,但没想到消费者不买账。各部门逐渐意识到要贴近消费者,考虑消费者的需求和想法,不要自己想当然地去开发产品。摆在终端面前的,还有更多挑战,从店面设置、柜台位置、外观设计、机模和真机的摆放、广告设计、促销策略、品牌推广到产品设计、营销节奏、铺货渠道,再到各环节的利益分配……"2C"(To C)真是一门系统化的大学问。

3. 全面推广,无缓冲节奏

前面章节提到,IPMS 既是业务流,又是业务流程,也是运作机制,因此涉及的组织部门极多,业务复杂度极高。如果不按照变革方法来推进,可能无法达到预期效果,甚至南辕北辙。

以华为 IPD 项目为例,1999 年 3 月启动 IPD 变革项目:

·第一阶段,IBM 顾问花费大量时间深入调研后完成设计方案。

·第二阶段,2000 年 5 月,第一个试点 PDT 项目正式启动。经过 1 年时间,次年 4 月份正式向市场发布产品。通过试点,验证了 IPD 的流程和方法,同时在试点过程中不断优化相关流程。

·第三阶段,在 30% 的研发项目中推行 IPD 流程。

·第四阶段,100% 项目落地 IPD 流程。

就这样,历经 4 年时间的打磨,2003 年华为的产品开发模式全部切换到 IPD。正是有了之前若干项目变革经验的积累，华为 IPMS 流程推行才相对顺畅。

4. 各职能领域能力短板严重，跑不动

在本章节开篇就讲述了，如果各职能部门能力不一致，将导致流程运行不顺畅或无法运行，如图 5-2 所示。因此，一方面要进行 IPMS 流程建设，另一方面相关职能领域的能力也要逐步加强。

举例而言，首销要保证货品按时到位，零售门店要实现一夜换装，这就是一种零售能力。如果要实现"一夜换装"，背后要付出大量辛勤的劳动。

在郭平所著的《常青与长变》一书中，通过描述 IPD 变革时的场景就可以很好地说明这个问题。

> IPD 变革的关键就是要实现流程端到端打通。IBM 各功能部门的能力很强，只要端到端打通流程、职责定义明晰，就可以带来管理效率的提升。华为当时的能力严重不足，IPD 流程涉及的各功能部门能力参差不齐，根本无法顺畅地将 IPD 流程运行起来，严重影响全流程运作效果。因此成立 FE[①] 项目，针对研发、销售、技术服务、采购、制造、供应等主要的功能领域提升能力。每个功能领域都会设置若干子项目，子项目都很具体，2~3 个月就可以达成目标。比如在技术服务领域就有可服务性、技术资料编写、开试验局、项目管理等能力提升项

---

① FE：Functional Excellence 的缩写，意为功能优秀，用于提升本部门支撑 IPD 运作的能力。

目。这样持续推进差不多两年时间，沿着 IPD 流程逐步汇聚组织能力，这样才真正把 IPD 流程执行好。

5. 变革短时间没有效果，失去信心

有很多案例显示，当流程推行一段时间后，大家感觉效果不明显，然后就不了了之了。如果在余承东领导下的华为消费者业务向公开市场转型的初期也是这样，那么就看不到现在的成功了。变革需要志向、需要意志、需要智慧、需要胸怀，才能无往不胜。如何变革成功的答案就是余承东在 2013 年 7 月 21 日的微博所发的内容："1. 能走多久，靠的不是双脚，是志向，鸿鹄志在苍宇，燕雀心系檐下；2. 能登多高，靠的不是身躯，是意志，强者遇挫越勇，弱者逢败弥伤；3. 能做什么，靠的不是双手，是智慧，勤劳砥砺品性，思想创造未来；4. 能看多远，靠的不是双眼，是胸怀，你装得下世界，世界就会容得下你！"

第 6 章

IPMS 流程的广泛应用

6.1 商业成功——IPMS 的有效应用

6.2 出海利器——IPMS 的有效应用

6.1 商业成功——IPMS 的有效应用

6.1.1 IPMS 在汽车行业的应用

除了在通信类产品应用有效外，IPMS 流程在汽车领域的应用已得到了验证，赛力斯就是一个极好的例证。华为和赛力斯展开深入合作，通过发挥各自优势，联合设计、联合营销，打造了国内智能电动汽车品牌问界。仅用 28 个月，问界便下线第 40 万台车，成为中国智能汽车高端化的标杆。

· 2019 年 1 月，小康和华为签署合作协议，并于 2020 年推出首款合作车型智选 SF5。

· 2021 年 4 月，小康与华为正式签署关于赛力斯新能源汽车项目的合作协议，赛力斯成为华为智选模式下首家合作车企。2021 年 4 月 19 日，赛力斯 SF5（华为智选）正式发布。自 2021 年 4 月至 12 月，赛力斯 SF5 累计销量 8509 辆，比华为加入之前提升数倍。同年 12 月，又推出问界 M5 车型。

· 2022 年，问界 M5 从发售开始就成为新能源汽车市场的一匹黑马。1 月份，问界 M5 的销量只有 815 台，全国销量排名 308 位；但到 6 月时，销量排名已经上升至 87 位，在新能源车领域排名第 20 位。2022 年上半年，累计销量达 2.02 万辆。同年，小康正式更名为赛力斯。

· 2023 年 2 月，赛力斯与华为签署深化联合业务协议；同年，问界 M7 与问界 M9 接连发布。问界 M7 的卖点是"更大的空间、更舒适的座舱和更智能的体验"；问界 M9 的宣传文案是"安全至上,豪华典范!智能科技,舒适驾乘,让你的每一次出行都成为享受"。这些卖点和文案打动着消费者的心,两款车不出所料地大卖。

·2024年,赛力斯新能源汽车11月销量达36842辆,同比增长54.58%;在1~11月,赛力斯新能源汽车累计销量达389566辆,同比增长255.26%。问界新M7累计交付量突破18万辆,连续11个月保持中国新势力车型销量第一;问界M9上市11个月累计大定超18万辆,蝉联50万元级及以上中国市场豪华车型销量冠军。

通过这几行简简单单的文字,不难看出赛力斯与华为合作后的那种高速增长、一往无前的朝气蓬勃的气势。而不少曾经的传统汽车巨头,却与赛力斯蒸蒸日上、热火朝天的局面相反,特别是那些曾经持怀疑态度的企业,有的甚至已经连工资都发不出来。问界赛力斯董事长张兴海说:"我做汽车30多年了,可以说一直是穷怕了。直到ALL IN跟着华为的鸿蒙智行,我才知道赚钱是什么滋味。"那么,这些成绩是如何取得的呢?答案就是全面学习华为,与华为深度合作。

华为与车企合作主要包括三种模式:零部件供应模式、HI模式和智选模式。

·零部件供应模式:华为向车企提供包括电机、电池管理系统、智能驾驶和智能座舱相关部件等标准化零部件。在这种模式下,华为主要作为零部件供应商,车企则以采购软硬件为主,华为不提供全套解决方案。目前采用这种模式的车企有比亚迪、上汽、广汽、长城、吉利等。

·HI（Huawei Inside）模式：华为提供全栈智能汽车解决方案，包括计算与通信架构、智能座舱、智能驾驶等。在这种模式下，华为与车企共同定义和开发产品，车企的产品上会带有"HI"标识。目前采用这种模式的代表车企有北汽极狐、长安阿维塔等。极狐阿尔法 S HI 版和阿维塔 11 是搭载华为全栈智能汽车解决方案的量产车。

·智选模式：华为深度参与到产品的定义、设计和销售过程中。在这种模式下，华为不仅提供技术和解决方案，还参与品牌运营和销售。目前采用这种模式的品牌有赛力斯的 AITO 品牌、奇瑞的智界、江淮汽车等。智选模式下，华为的参与度更深，直接面向消费者。

智选模式是华为与车企深度合作的方式。简单来说，在华为终端门店里看到的在售汽车，均是智选合作模式的汽车品牌。

赛力斯借助华为打造的鸿蒙智行生态进行销售，同时也自建 AITO 用户中心，扩大渠道覆盖范围。华为利用庞大的电子产品销售网络赋能问界销售，提供产品咨询、试乘试驾等服务，为问界产品引流。华为在线下的众多体验店及华为授权服务中心，大幅增加了问界的曝光度。根据杰兰路发布的《2024年度上半年新能源汽车品牌健康度研究报告》，问界的品牌 NPS 达到 83.7，位居榜单第二，远超行业平均水平。问界 M9 和问界 M7 则分别包揽了新能源 SUV 净推荐值榜单的冠亚军，NPS 分别为 87.9 和 83.5，用户认可度行业领先。

赛力斯全面学习华为，不断地提升业务能力和组织效率：

·发布员工持股计划的公告,激励核心团队成员共创未来;核心部门的薪酬标准也对标华为。

·在供应链管理方面,引入华为的 ICT 企业供应商管理理念,供应商管理能级从 1 级提升到 4~5 级。

·在企业管理方面,赛力斯学习华为设立 BU(业务单元),与华为共同成立 AITO 问界销售服务联合工作组,对问界的营销、销售、渠道、交付、服务等业务完成端到端的闭环管理。

赛力斯与华为的深度合作,补齐了公司的短板。特别是 IPMS 流程的有效应用,让赛力斯打了一个又一个胜仗。

在 2.2.2 "GTM 究竟是什么神秘组织?"一节中谈到,GTM 产生的背景,除了耐用消费品的营销模式和快消品的营销模式的整合外,还有一个重要原因,那就是产品已从单一的硬件转变成更多的衍生品配件和软件(OS、APP)形成的一个复杂产品体系。在复杂产品的上市需求下,越来越需要有一个组织,能够对内部各个部门(包括产品部门、TP 部门,也包括 OS 和 APP 以及服务配件等部门)的 TPO 上市过程进行拉通和对齐,做面向消费者的统一整合的工作。现阶段,正处于油车向智能电动汽车过渡和演变的过程中,智能汽车也越来越像当年的智能手机发展的路径。因此,GTM 操盘方式、IPMS 操盘流程对智能汽车行业的企业来讲,有非常积极的参考意义。

华为与赛力斯合作出品"问界"、与奇瑞合作出品"智界"、与北汽合作出品"享界"、与江汽合作出品"尊界"。将所有的产品组合起来看,就能发现**华为的产品布局**:

- **问界**：由赛力斯与华为合作，主要定位于中大型豪华SUV市场，价格区间为20~55万元，代表车型包括问界M5、问界M7和问界M9等。
- **智界**：由奇瑞与华为合作，主要定位于中高端轿车市场，价格区间为25~35万元。目标消费群体为年轻化市场，产品线涵盖轿车和SUV，代表车型包括智界S7和智界R7。
- **享界**：由北汽与华为合作，主要定位于高端行政级轿车市场，价格区间为40~55万元。代表车型为享界S9，该车定位为大型纯电行政轿车，主要竞品包括宝马5系、奥迪A6和奔驰E级等豪华轿车。
- **尊界**：由江淮与华为合作，定位为超高端豪华车型市场，售价超过100万元。对标迈巴赫、劳斯莱斯等顶级豪华品牌，首款车型预计为百万级的MPV或旗舰轿车。

2024年12月19日中午12时，鸿蒙智行携手"四界"联袂登场央视新闻《中国经济引力场》大型直播:《在一起！鸿蒙智行》。在直播中，余承东多次强调与车企优势互补、强强联合推出爆品、旗舰产品的背后故事及深层次原因。这正好是本书阐述的"IPMS爆品操盘——以商业成功为导向"的最好注释。

共同合作，携手前行，共创未来——"鸿蒙智行改变了行业，由过去供应商和主机厂家的关系，转变成为合作共赢的关系。我们在一起共同进行市场调研、市场分析、产品分析、定位产品，然后规划产品。我们将产品定位为卓越的、高质量的；之后，我们还在一起进行营销策划、发布、上市、服务，一整套的流程全部打通。鸿蒙智行是华为与汽车厂商共建的生态联盟。华为有 30 多年 ICT 领域的积累，有车联网、智能驾驶、智能车控的技术；有 10 余年 To C 的经验，毫无保留地与车企分享。我们与车企共建，发挥各自的优势，形成动车组，一起为消费者打造最好的体验、最高质量的产品；一起为消费者提供持续的服务，实现商业成功。"

2024 年鸿蒙智行的成绩单：12 月全系交付新车 49474 辆，连续 8 个月保持中国汽车品牌成交均价 TOP1。

·问界 M9 发布 12 个月，累计大定突破 20 万辆，稳坐中国市场 50 万元销冠。

·问界新 M7 系列 12 月交付 14150 辆，问鼎 2024 年新势力销冠。

·享界 S9 系列交付 7949 辆，连续 5 个月成为纯电豪华轿车销冠。

·智界 R7 持续热销，上市以来累计交付突破 28969 辆。

2024 年，鸿蒙智行四界齐发，实现跨越式发展，全年交付量超 43 万辆，且连续 5 个月保持高端市场成交均价第一。

6.1.2 在快消品行业的应用

IPMS 也可以应用在小家电、鞋服、美妆等行业中，在近几年的咨询过程中也有诸多成功案例。在某些条件下，企业可以将 IPD 流程和 IPMS 上市操盘流程整合为一个流程。这主要取决于研发成本、产品开发周期和复杂度。当研发成本较低、开发周期短、复杂度不高，且此时市场端的责任更重大时，可以将 PDT 和 PCT 的职责整合，两套流程合并。这样的合并能够提高效率，加快产品上市速度。

傲雷（Olight）是移动照明领域的佼佼者，该公司集研发、智造、销售于一体。在引入华为 IPD 体系取得一定成效后，于 2024 年又引入了华为 IPMS。傲雷将 IPMS 应用于手电爆品 Arkfeld 系列的操盘并全面执行。由于深入洞察用户需求、充分与目标人群沟通，各跨部门职能团队通力协作，再加上超级客服和打造匠心产品的理念，这一操盘取得了历史性成功：不仅突破了单品多项历史纪录，实现单品年度销售额破亿元，而且刷新了单品上市同期销量和收入纪录，延长了单品热卖期。Arkfeld 系列产品的操盘手不禁感叹，有了 IPMS 这一工具，我们能够更好地打仗、打胜仗了！

6.2　出海利器——IPMS 的有效应用

在鸿蒙智行携手"四界"联袂登场央视新闻《中国经济引力场》大型直播节目的圆桌会议环节，主持人撒贝宁突发灵感："**勇跃出海**"（四界老总的名字最后一个字连起来为：北汽享界张建【**勇**】、奇瑞智界尹同【**跃**】、江汽尊界项兴【**初**】、赛力斯问界张兴【海】),这是一种巧合,但冥冥之中又像是已经注定双方强强联手后必将纵横四海(四界)。

在上一节IPMS在汽车行业的应用中提到,余承东说:"我们一起进行市场调研、市场分析、产品分析,定位产品,然后规划产品,一起进行营销策划、发布、上市和服务,一整套的流程全部打通。"通过这段话的解读,不就是IPMS所涉及的领域和内容吗?当企业要出海,面临一个陌生的国度、一个陌生的市场时,应该怎么做呢?在做之前,先看看企业出海面临的主要问题:

· 缺乏对海外市场的了解:对当地文化缺乏认知;对商业客户、消费者的需求不了解;对市场竞争的格局认识不足;对法规和政策不了解;……

· 海外市场策略不清:品牌知名度不高,无法支撑产品;渠道和零售布局难……

· 组织能力缺乏:人才、管理运营能力、培训不足;文化差异大……

企业出海首先是产品出海,那么这些主要问题可以利用GTM操盘的思维去解决,操战略大盘、操单品小盘,通过单产品打爆,形成体系化合力,在市场、销售、服务等层面不断突破,反复突破,形成口碑和品牌,使企业最终站稳脚跟,发展壮大。

· 海外市场洞察:通过五看三定,了解该国家的文化历史、法律法规、市场趋势、竞争格局、消费者细分、渠道和零售格局、媒介洞察与分析等,为市场细分和产品定位做好充足的信息准备。

·产品定位：通过市场分析、产品分析，同时借鉴标杆企业的经验，做好产品定位。

·产品规划：做好产品规划，根据公司产品路标，结合本地化情况制定国家产品路标。

·制定策略，构建能力：根据 4.2.2 一节所述制定五策略，即营销、渠道、零售、电商、服务等策略，以及构建相应的组织。在这里要注意，不同的市场阶段宜采取不同的策略：

（1）对于刚刚进入的市场，可以选择与在当地有影响力的渠道商、零售商以及媒介供应商合作，借助已有的成熟网络、渠道及客户资源，快速将产品推向市场，减少与消费者的沟通成本；此时需要构建一支强大的销售团队，为新市场冲锋陷阵。

（2）进入成长期的市场，可以拓展多渠道，例如电商；加大营销投入，根据当地市场特点投入适合当地人习惯的促销活动；媒介投入也要跟进，保持品牌声量；对零售终端的掌控要逐步加强。此时营销组织要逐步建立健全，分工可以更细化，如渠道管理、零售管理、市场管理等，为后续的市场扩张做好准备。

（3）稳定销售期的市场，要注重品牌形象的塑造，充分利用好数字媒体和公关（PR），树立根植当地、富有社会责任感的企业形象；持续优化产品，满足消费者的需求，形成良好的口碑效应；不断提升消费者的满意度，培养客户及消费者的忠诚度，打造良好的商业环境与氛围。此时要构建一支能打胜仗、有能力、有纪律（合规）的精细化综合运营团队。

·产品生命周期管理：做好产品发布、首销上市、服务等工作；

·复盘：对产品上市的各方面活动进行复盘，同时持续收集市场各方的反馈，为下一代产品上市做好准备。

出海的企业在当地还要构建好"七力"，这才是企业能够在当地"生根发芽"的根本：

操盘力、产品力、品牌力、覆盖力、创收力、连接力、支撑力。

结语

伴随着 2025 年新年钟声的敲响，罗振宇"2025 时间的朋友"跨年演讲圆满结束。而在历经数月的笔耕不辍后，《爆品操盘 GTM：从宝洁 BM 到华为 IPMS》这部凝聚诸多心血的作品也终于杀青了。本书数易其稿，较大的结构改动就有两三次，只因我对本书的要求是力图讲明、讲透，遵循操盘方法论但不拘泥于方法论，要融入实践，简单明了，让读者易于理解和参考。完稿之际，我倍感欣慰，但也心存忐忑，担心受限于本人的认知及写作表达能力，本书难免存在诸多不足之处。

由于信息来源的局限性，不同行业和不同时代的大量信息参考了网络及其他著作的内容，对信息的来源和真实性难以准确把握，可能会有一定的出入。但我查阅了大量信息，针对内容在逻辑上进行相互印证和反复核对校验，保留了相对准确的信息。因此，即使部分信息或许与现实有出入，也不会影响最终结论的得出。

有读者可能会感觉本书中所使用的案例大部分是几年前的，担心案例的时效性会影响对本书所讲产品操盘释义的理解。其实，这是我精心安排的。总结归纳以前的案例远比近期案例要困难，因为时间过去较久，数据收集面临诸多困难。但我为何这样做呢？现今，企业都希望学习华为、学习业界标杆，但要注意的是，我们学习的不是现在的华为、现在的标杆，而应该是标杆公司在起步和发展阶段的状态。那些方法、成功或失败的教训对于我们的企业来说才是更有帮助和值得借鉴的。这也是部分企业反映学华为学不到东西的原因。举例来说，如同给第三代战斗机（歼-10）安装上歼-20的发动机，强行起飞极有可能会出问题，因为第三代战机的整体结构不支持这样的加速度。

产品操盘集成产品营销服流程涉及众多领域和专业内容，我在写作过程中尽量多方考证后下笔。但由于个人知识水平以及时间的限制，不可避免会有不足之处乃至错误产生，请读者谅解。在此，也感谢诸多诺基亚和华为的老同事、老朋友给予的帮助，许多问题的澄清得益于专家的专业指导。在此，真心感谢各位老朋友的支持。

IPMS流程是以产品为中心，集成营销服的业务流、业务流程及运行机制的体系，旨在帮助企业实现产品驱动的商业成功。但对TO C企业而言，仅学习IPMS还是远远不够的，尤其是TO C业务直接面向消费者，目前还缺少一套以消费者为中心的业务流、业务流程及运行机制的理论来指导企业的零售业务工作。基于这一需求，我已创作并开发出"**集成消费者营销服ICMS**"的理论模型（Integrated Consumer Marketing、Sales & Service），在不久也会出版以飨读者。

希望读者朋友们能与我多交流和互动，针对发现的问题，我将及时纠偏，并会在公众号上及时更正，以免误导大家。欢迎广大读者朋友联系我，我们一起探讨交流，共同进步。

微信号：HW-IPMS

邮箱：87067817@qq.com

公众号：HW RETAIL

朱秋虎

2025 年 1 月 1 日于上海

附录1 TR与GR业务内容对应表

IPD阶段	TR 技术评审点	DCP 决策评审点	DCP 评审内容	IPMS 阶段	GR 市场领域总体评估点
概念阶段	TR1- 产品包需求和概念评审 产品包需求：检查市场调研所得的用户需求是否全面，准确地反映在产品包需求中，确保无遗漏和错误理解。 概念评审：评估初步的产品概念，如外观设计、主要功能设想等是否能有效满足产品包需求，是否具有商业和技术可行性。 **产品包（初版）：手机概念已想得很清楚**	概念决策评审点（CDCP）	评审产品需求和技术方案，决定是否继续投入资源研发	规划与立项	GR1：通过市场洞察分析后的结论验证产品档位需求和市场定位。 简单理解：产品明确了，卖点排序。
计划阶段	TR2- 需求分解和规格评审 审查产品各系统、各部分的设计规格是否完整，是否与市场需求和产品战略相一致，能否满足产品整体性能和功能目标。 **产品包：已有一份详细的设计蓝图** TR3- 总体方案评审 确保设计规格已完全、正确地在概要设计中体现，检查概要设计是否符合功能需求和技术规范，能否为后续详细设计和编码工作奠定良好基础。 **产品包（终版）** **手板模型好不好看**	计划决策评审点（PDCP）	关注产品需求到规格的完整性，确认产品计划是否可行，以及能否推向市场，并产生收益。	拓展准备	GR2：关注市场预判及销量承诺，并为下阶段的市场拓展准备素材（含方案策划、素材包及预算等）。GR2 结论需经操盘委员会评审。 简单理解：销量承诺，项目计划明确，可以启动拓展。

（续表）

IPD 阶段	TR 技术评审点	DCP 决策评审点	DCP 评审内容	IPMS 阶段	GR 市场领域总体评估点
开发阶段	TR4—模块评审 保证Building Block①用于系统级构建之前是完整的，对涉及的每个Building Block进行评审，记录不符合规定的情况并评估风险，确保其性能和质量能支撑产品正常运行。 **产品包（实现）** **各个零部件已经完成设计和初步制造。评估进入EVT②样机。**	/	/	市场拓展	CR3：根据拓展的结果确认RRP（街价、建议零售价）策略及评估要货预测。 简单理解：拓展包完成，营销计划初稿、定价、申请样机。

① Building Block：在IPD中缩写为BB，意为构建模块，是指产品中具有相对独立功能和明确接口的组成部分，可被单独设计、开发、测试和验证，如软件系统中的不同功能模块、电子设备中的各个零部件等，多个构建模块组合能形成完整产品。
② EVT：Engineering Verification Test的缩写，意为工程验证测试阶段，是产品开发初期的设计验证，重点在考察总体设计完整度，是否有遗漏任何规格。

（续表）

IPD阶段	TR 技术评审点	DCP 决策评审点	DCP 评审内容	IPMS 阶段	GR 市场领域总体评估点
	TR4A-产品技术成熟度评审 在 SDV[①]完成后，评估产品技术上的成熟度，并生成相应改进计划，以保证产品生产活动，并生成相应改进计划，以保证产品生产活动。 **产品包（实现）** EVT 样机技术成熟度（功能/性能）	/	/	上市准备	GR4：在此点将定稿详细计划以及锁定资源，明确 GTM 操盘方案与预算方案、营销策略、渠道策略，零售策略以及首销街价、分货等方案。**GR4 结论需经操盘委员会评审。** 简单理解：上市的策略及资源等确定的都确定了。
	TR5-项目整体状态评审 对项目整体状态在设计稳定性和技术成熟度方面进行独立评估，全面测试和评估产品的各项性能指标，确保产品符合预定功能和性能要求，满足前期确定的产品包需求。 **产品包（实现）** DVT[②]成熟度（可靠性）手机系统设计已经完成验证；认证	/	/		GR5：重点关注上市准备度评估。 简单理解：上市前准备工作已万事俱备。

① SDV：System Design Verification 的缩写，意为系统设计验证，是指在产品开发过程中，对系统或子系统的设计进行的验证活动，目的是确保设计满足规定的功能、性能、可靠性等要求。

② DVT：Design Verification Test 的缩写，意为设计验证测试，这是产品开发过程中的一个关键阶段，主要目的是验证产品的设计是否符合预定的规格和要求，确保所有的设计都符合规格。

（续表）

IPD 阶段	TR 技术评审点	DCP 决策评审点	DCP 评审内容	IPMS 阶段	GR 市场领域总体评估点
验证阶段	TR6-系统级能力评审 审查产品的生产流程、质量控制体系、供应链管理等，确保产品的制造能力能适应全球范围内发货的需求，具备应对不同市场环境和法规标准的能力。 **产品包（验证）** **生产得出小批量；Beta 测试**	可获得性决策评审点（ADCP）	确认小批量生产是否可行，功能是否完备，以及产品是否已经准备好发布	上市准备	
发布阶段	/	GA	可批量交付	上市销售	/
生命周期阶段	/	生命周期终止决策评审（EOX）	决定产品是否退市	稳定销售	GR5A：产品在"稳定销售"阶段需要首次调价的评估点。为了保持稳定的销售曲线，拟通过调价来应对竞争，库存等所带来的压力。**GR5A 结论需经经盘委员会评审**。 简单需理解：需要调价了。如果需要多次调价，则设置 GR5B、GR5C……
				退市操盘	GR6：重点关注产品退市准备方案以及相应的准盘操盘方案。**GR6 结论需经经盘委员会评审**。 简单需理解：要退市了。

· 279 ·

附录2 英文缩写词

英文缩写	英文全称	中文含义
4C	Customer、Cost、Convenient、Communication	顾客、成本、方便、沟通
4R	Relevance、Reaction、Relationship、Reward	关联、反应、关系、回报
ADCP	Availability Decision Check Point	可获得性决策评审点
BB	Building Block	构建模块
BLM	Business Leadership Model	业务领导力模型
BM	Brand Man	品牌经理制
BOM	Bill of Materials	物料清单
BP	Business Plan	业务计划
C3T	Corporate Business Transformation & IT Management Team	企业业务变革及IT管理团队
CBB	Common Building Block	共用基础模块
CDCP	Concept Decision Check Point	概念决策评审点
CDP	Charter Development Process	商业计划书开发流程
CDT	Charter Development Team	任务书开发团队
CMF	Color、Material、Finish	颜色、材料、表面处理
CRM	Customer Relationship Management	客户关系管理
DCP	Decision Check Point	决策评审点
DVT	Design Verification Test	设计验证测试

(续表)

英文缩写	英文全称	中文含义
EAC	Enterprise Architecture Council	企业框架委员会
EMT	Executive Management Team	经营管理团队
EOM	End of Marketing	停止销售
EOP	End of Production	停止生产
EOS	End of Service & Support	停止服务和支持
ESC	Executive Steering Committee	高层指导委员会
ESP	Early Support Program	早期支持程序
EVT	Engineering Verification Test	工程验证测试阶段
FE	Functional Excellence	功能优秀
GA	General Availability	一般可获得性
GR	原 GTM Review，现 General Review	市场领域总体评估
GRAI	Goals、Results、Analysis、Insights	回顾目标、评估结果、分析原因、总结经验
GSM	Global System for Mobile Communications	全球移动通信系统
GTM	Go To Market	产品上市
GTA	Go to App Gallery	应用拓展上架
HMS	Huawei Mobile Services	华为移动服务
IBM	International Business Machines Corporation	美国国际商用机器公司
ID	Industrial Design	工业设计

（续表）

英文缩写	英文全称	中文含义
IMC	Integrated Marketing Communications	整合营销传播
IPD	Integrated Product Development	集成产品开发
IPMS	Integrated Product Marketing、Sales & Service	集成产品营销、销售和服务
IPMS-MT	IPMS Management Team	IPMS 管理团队
IPMT	Integrated Portfolio Management Team	集成组合管理团队
ITR	Issue to Resolution	问题到解决
KA	Key Account	核心客户
KCP	Key Control Point	关键控制点
KOL	Key Opinion Leader	关键意见领袖
KPI	Key Performance Indicator	关键绩效指标
KSP	Key Selling Points	关键卖点
KV	Key Vision	主视觉
LTC	Lead to Cash	线索到回款
MFR	Manufacturing Review	制造评审
MM	Marketing Management	市场管理流程
MPP	Marketing Plan Process	营销计划流程
MPR	Manage Partner Relationships	合作伙伴关系管理
MR	Marketing Review	市场评审点
MSS	Marketing、Sales & Service	市场营销与销售服务部

(续表)

英文缩写	英文全称	中文含义
MTL	Market to Lead	市场到线索
NFC	Near-field Communication	近距离无线通信
ODM	Original Design Manufacturer	原始设计制造商
OOH	Out of Home	户外广告
OR	Offering Requirement	包需求，又叫产品包需求
PCR	Plan Change Request	计划变更请求
PCT	Product Commercial Team	产品商业团队
PDC	Portfolio Decision Criteria	组合决策标准
PDCA	Plan、Do、Check、Action	计划、执行、检查和处理
PDT	Product Development Team	产品开发团队
PHS	Personal Handy-phone System	个人手持式电话系统
PIRB	Product Investment Review Board	产品投资评审委员会
PLC	Product Life Cycle	全社商品开发标准 Process
POR	Procurement Review	采购评审
POSM	Point of Sales Materials	辅助销售物料
PR	Public Relations	公共关系
PSI	Purchase, Sales and Inventory	产品进销存管理
RDP	Roadmap Planning	路标规划流程
RME	Request Management Engineer	需求管理工程师
ROI	Return on Investment	投资回报率

(续表)

英文缩写	英文全称	中文含义
RRP	Recommended Retail Price	建议零售价
SDV	System Design Verification	系统设计验证
SE	System Engineer	系统工程师
SEM	Search Engine Marketing	搜索引擎营销
SP	Strategy Plan	战略规划
SPDT	Super Product Development Team	超级产品开发团队
SP&O	Sales Planning and Operation	销售规划与运营
SR	Service Review	服务评审
STP	Segmentation, Targeting, Positioning	市场细分、目标市场和定位
SWOT	Strengths Weaknesses Opportunities Threats	强弱危机分析
TA	Target Audience	目标受众
TCO	Total Channel Offering	全渠道解决方案
To B	To Business	面向企业客户
To C	To Customer	面向消费者
TR	Technical Review	技术评审点
TTM	Time to Market	产品按时上市
TVC	Television Commercial	电视广告
PACE	Product and Cycle-Time Excellence	产品及生命周期优化法

(续表)

英文缩写	英文全称	中文含义
PDCP	Plan Decision Check Point	计划决策评审点
UV	Unique Visitor	独立访客
VAT	Value-added Tax	增值税
VOC	Voice of Customer	客户声音
WCDMA	Wideband Code Division Multiple Access	宽带码分多址

参考文献

[1] 郭平.常变与长青[M].深圳：深圳出版社，2024.

[2] 朱秋虎，许临峰.华为零售[M].上海：东华大学出版社，2022.

[3] 杨莉.华为终端品牌思维3.0[M].武汉：华中科技大学出版社，2023.

[4] 王四海.从战略制定到产品上市[M].北京：企业管理出版社，2023.

[5] 冯德刚.从跟随到领先：华为管理体系重构之路[M].北京：清华大学出版社，2024.

[6] 夏忠毅.从偶然到必然：华为研发投资与管理实践[M].北京：清华大学出版社，2019.

[7] 成海清.华为傻创新[M].北京：企业管理出版社，2016.

[8] 揭应平.一本书讲透产品研发管理[M].北京：机械工业出版社，2024.

[9] [美]奇普·希思，[美]丹·希思.让创意更有黏性[M].北京：中信出版社，2014.

声 明

本书所涉及的内容源自作者在个人职业经历中的经验积累以及参考的网络信息和书籍，并非针对任何机构和个人。书中内容仅代表作者个人观点，供读者借鉴参考，不可作为除作者之外的其他任何机构或个人的法律依据。